Der Mensch des 20. Jahrhunderts hat eine Welt geschaffen, die ihn selbst bedroht. Wissenschaft und Technik allein können die Gefahren, denen die Gesellschaft und das Individuum ausgesetzt sind, kaum abwenden. Denn der Mensch und die Welt, in der er lebt, bilden zusammen eine offene Wirklichkeit, die sich den abgeschlossenen Denkmodellen reiner Naturwissenschaften beharrlich entzieht.

Aber auch die Humanwissenschaften geraten heute immer öfter an eine Grenze, die zu überschreiten nur möglich ist, wenn man sich auf Problembereiche einläßt, die früher als ausschließliche Domäne der Theologie galten. Deshalb wird es nach der Überzeugung des großen Physikers Werner Heisenberg »nötig sein, sich auf den Zusammenhang des Ganzen zu besinnen; auf die in der Sprache der Religion ausgedrückte menschliche Grundhaltung, aus der die ethischen Prinzipien stammen«. Dazu wollen die Autoren dieser Buchreihe – jeder auf seinem Gebiet und doch über die Grenzen seiner Spezialdisziplin hinausblickend – ihren Beitrag leisten.

Mit der Reihe »Maßstäbe des Menschlichen« eröffnet der Kreuz Verlag ein Forum für das Gespräch der Humanwissenschaften untereinander und mit der Theologie: eine Diskussionsrunde für alle Versuche der Erhaltung und Verbesserung der Qualität des Lebens. Der Rang der beteiligten Autoren, die Allgemeinverständlichkeit ihrer Schreibweise und die Aktualität der Fragestellung lassen eine Handbücherei zur Gestaltung einer menschlicheren Welt entstehen.

Maßstäbe
des
Menschlichen

Band 4

Margaret Mead

Hoffnung und Überleben der Menschheit

Glaube im 20. Jahrhundert

Kreuz Verlag

Maßstäbe des Menschlichen
Eine Buchreihe im Kreuz Verlag Stuttgart · Berlin
Gesamtredaktion: Helmut Weigel

Die Originalausgabe
ist unter dem Titel »Twentieth Century Faith. Hope and Survival«
im Verlag Harper and Row, New York, erschienen.
Die Übertragung aus dem Amerikanischen besorgte Ulla Leippe.
1. Auflage (1.–7. Tausend)

Gestaltung: Hans Hug · Gesamtherstellung: Ebner, Ulm
ISBN 3 7831 0411 4

Inhalt

Verbesserung der Lebensqualität 7

Christen im technologischen Zeitalter 10

Christlicher Glaube und Entwicklungshilfe 19

Der Mensch als kulturelles Wesen 28

Der Glaube des 20. Jahrhunderts braucht die Technologie 51

Nachbarschaftsplanung und menschliche Grundbedürfnisse 58

Aspekte der Geburtenkontrolle 65

Die liberale Kirche im städtischen Gemeinwesen 71

Religion in Synthese mit der Wissenschaft 83

Die Zukunft als Grundlage für den Aufbau
einer gemeinsamen Kultur 87

Verheißung 109

Feiern – ein Bedürfnis des Menschen 118

Kulturelle Kontexte des Alterns 125

Das Recht auf den eigenen Tod 141

Das Ritual als Ausdruck des kosmischen Sinns 144

Die Unsterblichkeit des Menschen 151

Nachwort von Ruth Nanda Anshen 161

Verbesserung der Lebensqualität

Jahrhunderte hindurch hat Religion unser Sehnen und Trachten bestimmt, aber erst seit wir den Menschen wissenschaftlich begreifen und verstehen, sind wir imstande, zu verwirklichen, wonach wir streben. Die Mahnung, für die Kranken zu sorgen und die Hungrigen zu ernähren, konnte früher nur durch vereinzelte Taten der Fürsorge und gelegentliche Almosen erfüllt werden; damit war aber wenig getan, die Flut von Krankheit und Tod einzudämmen und die verhungernden Völker der Welt zu retten – bis unsere modernen Erkenntnisse über die Krankheiten und unser modernes Wissen über Ernährung und Landwirtschaft umfassendere Möglichkeiten der Realisierung schufen. Der religiöse Impuls, die Vision einer besseren Welt, in der sich der Mensch wirkungsvoller um seinen Nächsten kümmern kann, stand immer am Anfang, und unsere Vision ist weder klarer noch größer, weil Wissenschaft ihr zu Hilfe kommt. Doch sie ist *greifbarer.* Der Wille, für die Leprakranken zu sorgen, ist heute nicht stärker als zu Zeiten von Pater Damianus, doch heute kann die Lepra unter Kontrolle gebracht werden und schließlich aus einer Bevölkerung völlig verschwinden.

Seelische Gesundheit nennen wir das neue Ziel für die Menschheit, denn es geht jetzt nicht nur um die körperliche Wohlfahrt der Menschen, sondern um die von Geist und Gemüt. Die neuen Einsichten, die neuen Methoden bei Diagnose und Behandlung seelischer Erkrankungen gründen sich auf viele Disziplinen, auf die Psychiatrie, die Sozialwissenschaften, die Untersuchung von Kulturen und Gesellschaftsformen, die überaus gründliche Erforschung von Gehirn und Nerven. Unter einem neuen gemeinsamen Feldzeichen können diejenigen von uns, die Wissenschaftler sind, und diejenigen, die vorwiegend auf religiösem Feld arbeiten, die engen beruflichen Pflichten vergessen, die Begrenzung durch nationale Identität, die besonderen Bindungen des einzelnen an Zeit und Ort.

Auf solche Art arbeiten Angehörige unterschiedlicher Glaubensrichtungen zusammen an einem gemeinsamen Ziel, und Unterschiede brauchen nicht mehr zu trennen, sondern werden sogar zu besonderen Kraftquellen. Denn dazu sollten in aller Welt die Verschiedenheiten von Nationalität, Glauben, wissenschaftlicher Disziplin dienen: die Möglichkeiten zu nutzen, die durch die Tätigkeit in einem ganz bestimmten Rahmen von Bindungen entstehen, und zu lernen, dem, was uns voneinander unterscheidet, das Trennende zu nehmen.

Die großen Religionen der Welt sind deshalb groß geworden, weil ihre Bekenner bereit waren, jede Schranke zu überwinden, um ihre Vision anderen Menschen mitzuteilen, die sich nach Rasse, Sprache und Kultur von ihnen unterschieden. Religiöse Gruppen sind die einzig wirklich umfassenden freiwilligen Gruppenbildungen der Welt, in der Leute jeden Alters und Geschlechts, jeden Lebensstils, jeden Bildungsgrads als Glieder eines einzigen Leibes zusammengeschlossen sind. Diese Wirkung der Religion – das Wissen, daß alle Menschen Brüder sind, die Bereitwilligkeit, Menschen anderer Art aufzusuchen und sie in den freiwilligen Zusammenschluß einzubeziehen – wird der seelischen, moralischen und geistigen Gesundheit der Menschheit wesentliche Kräfte zuführen.

In zweiundfünfzig Ländern der Welt, darunter so unterschiedlichen wie England und Japan, Frankreich und Thailand, Dänemark und den Philippinen, oder wie die Völker der Karibischen See, Südamerikas, Australiens und Neuseelands, arbeiten Menschen, die sich zu dem gleichen Menschheitsziel bekennen, für die seelische Gesundheit der menschlichen Gattung.

Die neuen analytischen und verfahrenstechnischen Möglichkeiten, die uns die Wissenschaft erobert hat, erlauben es der Menschheit, der ungeheuren Verantwortung für diese Epoche der menschlichen Geschichte ins Auge zu sehen: In unserer Zeit muß die große religiöse Wahrheit von der Einheit der Menschen verwirklicht werden, wenn die Menschen nicht untergehen sollen, alle und überall in der Welt. Denn zum erstenmal in der von uns überblickten Geschichte des Menschen trifft die ganze Menschheit dasselbe Schicksal; jeder Mensch ist jetzt tatsächlich der Hüter seines Bruders, und die Notwendigkeit, unsere Feinde zu lieben, braucht einen neuen, faßbaren, wissenschaftlichen und religiösen Sinn. Nur wenn wir imstande sind, unsere Feinde zu lieben, obwohl sie unsere Gegner bleiben, können wir hoffen, das Leben der Menschen und das Leben in der Welt zu retten; lieben heißt hier, sie zu schützen und zu achten, nicht aber, unbedingt mit ihnen übereinzustimmen. Seelische Gesundheit ist ein Ziel für die gesamte Menschheit, nicht nur für einzelne Gruppen oder Klassen, für Angehörige einzelner Nationen, Länder oder Länderblöcke. Um der Welt wie um des einzelnen willen muß der aus religiöser Überzeugung gewonnene Entschluß zur Verbesserung der Lebensqualität durch Wissenschaft und schöpferische soziale Ideen ergänzt werden. Glaube und die Prinzipien der Architektur haben unsere großen Tempel und Kathedralen errichtet; Glaube und Humanwissenschaften sind notwendig für die Errichtung einer Sozialordnung, in der die Kinder unserer Feinde ebenso geschützt sind wie unsere eigenen Kinder, damit alle in Sicherheit leben können.

Christen im technologischen Zeitalter

Dieses Buch wendet sich an diejenigen, die Religion ernst nehmen und sich kein Leben vorstellen können, das zwar ein religiöses Etikett trägt, nicht aber vom Glauben durchdrungen ist. Solche Leute sind zur Zeit in den Vereinigten Staaten im Nachteil. Man gibt nur zögernd zu, daß es Menschen gibt, die den Sinn ihres Lebens in der Religion sehen: die Geistlichen (die allerdings den religiösen Aspekt ihrer Laufbahn nicht überbetonen sollten), Mönche und Nonnen (die immer weniger in die Welt der Gegenwart zu passen scheinen), manche Katholiken (vor allem diejenigen, die zu bestimmten, ethnisch geschlossenen Gruppen gehören), verschiedene separatistische Sekten (deren Mitglieder ihr Leben in den Rahmen von Glaubensinhalten stellen, sich in ihnen zusammenfinden und von der Welt absondern) und einzelne Persönlichkeiten, die man mit den Franzosen als *une personne croyante et pieuse* bezeichnen könnte. Aber die meisten Amerikaner – auch wenn sie eine lose Verbindung zur Religion anerkennen oder sich das Etikett einer bestimmten Kirche anheften und ein gewisses Maß religiöser Gepflogenheiten beobachten – bekennen sich nicht zu einer wirklichen Verbindung zwischen ihrem Lebensstil, ihrer angestrebten Karriere, ihrer Gedankenwelt und auf der anderen Seite ihrer Beziehung zu Gott oder ihrer geistlichen Existenz.

In dieser Atmosphäre endet auch langsam der alte Kampf zwischen Wissenschaft und Religion, der sich einst so anschaulich in dem hartnäckigen Atheismus des kleinstädtischen Redakteurs verkörperte. Heute ist es sogar schwierig, überhaupt eine Aussage zu diesem Thema zu erhalten. Die meisten jungen Amerikaner finden es ziemlich absurd, wenn man versucht, die überlieferte christliche Lehre zum Zeitalter der Kybernetik in Beziehung zu setzen. Und den wenigen Menschen, die mit Begeisterung einer religiösen Berufung folgen, scheint die Vorstellung, sich der modernen wissenschaftlichen Revolution zu stellen, fast undenkbar zu sein; sie haben ihre Wahl getroffen und sind geneigt, alles das nicht zur Kenntnis zu nehmen, was in zwei Jahrhunderten gesagt und gedacht worden ist.

Solche Leute halten es für durchaus richtig, das Fernsehen abzulehnen, sich milde über die Gammler zu erregen, die Stirn zu runzeln über die Zunahme jugendlicher Straftäter, über den Verfall der Sitten zu jammern, die Geschäftspraktiken der »Madison Avenue« anzugreifen (während sie selbst zunehmend die Taktik der Madison Avenue übernehmen), unterschwellige Werbung oder ein Buch wie *Wendekreis des Krebses* anzuprangern. Aber es ist etwas völlig anderes, die Stellung des Christen zu bedenken, für den das Christentum eine Lebensmöglichkeit bedeutet in einer Welt, in der der Mensch die Macht hat, entweder alles – aber auch alles – Leben zu zerstören oder allen menschlichen Wesen ein Leben der Fülle zu ermöglichen – eine Macht, die früher als die allein Gott vorbehaltene Macht angesehen wurde.

Es gehört zu den Verdiensten der ökumenischen Bewegung, daß sie längst leer und selbstzufrieden gewordene Lebensstile und Denkweisen mit neuem Leben erfüllt. Darüber hinaus bietet sie eine Möglichkeit, die Schranken von Isolierung, Spezialisierung und gegenseitiger Feindseligkeit niederzureißen. In der Vergangenheit haben die unterschiedlichen Akzentsetzungen, die sich in den einzelnen, isolierten Bereichen entwickelten, gewisse Erkenntnisse vertieft, andere dafür vernachlässigt. Solche unterschiedlichen Einsichten sind jetzt der gesamten christlichen Gemeinschaft zugänglich, und der Geist erhält neuen Auftrieb, je mehr Menschen in eine umfassende Gemeinschaft einbezogen werden.

So sollte diese ökumenische Auseinandersetzung – ihre grundsätzlichen Voraussetzungen sind den meisten Amerikanern, die sich viel mit »guten Taten« beschäftigen und sich dabei so oft von unkritischem Glauben tragen lassen, fremd – bis in den Kern unserer Gleichgültigkeit vorstoßen können. Die Europäer befassen sich vornehmlich mit intellektuellen Fragen, doch betrachtet man ihre Argumente ernsthaft, enthüllen sie ihre Tragweite auch für den Standpunkt des Christen, etwa wenn es um die Integration der Rassen geht, um die notwendigen Maßnahmen zum Aufbau einer Welt ohne Krieg, um die Verantwortung der einen Generation für die nächste, um die Verhütung heillosen Schadens für Erde, Luft und Wasser, für Fisch, Vogel oder Wald. Denn es geht um die Bereitschaft, eine viel schwerere Last auf uns zu nehmen, als sie sich unsere Vorfahren aufluden, die vom Baum der Erkenntnis aßen: nämlich die Last der Verantwortung für den Weiterbestand des Lebens auf der Erde.

Im Mittelpunkt der Erörterung steht die Frage nach dem Stellenwert der Welt im Leben und Trachten des Christen und nach den biblischen Argumenten für Ablehnung oder Bejahung der Welt. In der Geschichte des Christentums sind das »Fleisch« und der Teufel unterschiedlich definiert worden, und es gehört zu den Aufgaben unserer Zeit, ihre Beziehung zueinander klarzustellen. Jesus sagte: »Mein Reich ist nicht von dieser Welt.« Sollten die Christen deshalb die Welt mißachten? Sollten sie den Standpunkt so mancher Geistlichen annehmen, die ich wirklich habe sagen hören: »Ihr Wissenschaftler habt die Bombe ja erschaffen, also ist es auch an euch, damit fertig zu werden«? Oder die noch ausdrücklicher fundamentalistische Haltung: »Die Welt ist von Sünde und Ungerechtigkeit erfüllt, und je schneller sie zerstört wird, um so besser«? Sollen die Christen den Standpunkt vertreten, es sei die Funktion der Welt, »den Himmel zu kolonisieren«, und bedeutet das, die Welt anständig zu verwalten? Sind Obrigkeiten und Gewalten nicht nur weltliche, sondern sogar gegengöttliche Mächte, die der Christ meiden sollte? Oder fällt es in die Verantwortung der Christen, wenn die Gerichte eine unterschiedliche Rechtsprechung für Reiche und Arme praktizieren?

Und das Fleisch? Zweitausend Jahre lang haben sich die Christen, als einzelne angesprochen, den Befehl zu Herzen genommen: »Gebt den Hungrigen zu essen«, und haben den Hilfsbedürftigen auf viele Weise beigestanden. Weil aber wissenschaftliche Erkenntnisse und die Unterstützung durch die Technologie fehlten, starben Millionen in Hungersnöten und Seuchen. Sogar heute finden die meisten Christen das Bild der Suppenküche für die Opfer von Armut, Erdbeben, Flutkatastrophen oder Kriegen anschaulicher und ergreifender als die von der Weltgesundheitsorganisation ausgearbeiteten Pläne zur Verhinderung von Seuchen oder die Pläne der Welternährungsorganisation für eine vernünftige erdumspannende Nahrungswirtschaft. Christliches Mitleid auf seiten der Glücklichen und christliche Ergebung auf seiten der Opfer drücken offenbar immer noch gültig christliches Geben und Nehmen aus. Viele Menschen erkennen keinen Widerspruch zwischen ihrem Glauben an das Geben und ihrem Abscheu vor der »sozialisierten Medizin«, der »Auslandshilfe«, vor den von den Regierungen ausgearbeiteten Plänen zur Nahrungskontrolle oder vor den internationalen Kampagnen zur Ausrottung der Malaria. Gerade dieser Widerspruch gab zum Beispiel den bekehrten Eingeborenen der Admiralitätsinseln mehr als anderes Anlaß, sich von ihren Missionaren loszusagen.

Diese Fragen aber – die Verwaltung der Erde, die Bestellung der Erde als eines Gartens, der Befehl, alle Menschen zu nähren und zu heilen – bilden den Kern des Problems. Früher einmal mochte sich der Christ, auf sein eigenes Seelenheil und sein Leben in der künftigen Welt bedacht, damit begnügen, Almosen zu geben, die Waisen zu retten, die Sterbenden zu trösten. Solche Beziehungen schufen eine ausreichende dynamische Spannung, aus der Geber und Empfänger für ihr geistliches Leben Nutzen zogen. Doch in unserer Zeit muß das Konzept des Gebens neu erarbeitet werden. Ist es christlich, die Hilfe für den einzelnen Leidenden für edler zu halten als den Einsatz der Technologie zur Bekämpfung der Krankheit, an der dieser einzelne leidet?

Die Rückwirkungen dieses notwendigen Wandels in der Beziehung zwischen Gebendem und Nehmendem gehen weit über die bloße Neuordnung der lokalen Wohlfahrt oder die Durchführung von in unserer technologischen Zeit unumgänglichen Maßnahmen zur sozialen Sicherheit hinaus. Sie klingen auch in der Erklärung der Dritten Lambeth-Konferenz (1963) an:

»Unsere Einheit in Christus, die sich in unserer vollen Kommunion ausdrückt, ist das festeste Band zwischen uns bei aller politischen, rassischen und kulturellen Vielfalt. Der Zeitpunkt ist da, wo diese Einheit und wechselseitige Abhängigkeit auf einer ganz neuen Stufe ausgedrückt werden und sich zu gemeinsamem Gehorsam finden muß. Unsere Aufgabe ist deshalb nicht einfach durch vermehrte Großzügigkeit auf seiten derer zu lösen, die Geld und Menschen dafür einsetzen können. Wir müssen vielmehr einsehen, wie Gott uns durch eine oft schmerzliche Vergangenheit hindurchgeführt hat, damit wir die Gaben der Freiheit und der Gemeinschaft in größeren Zusammenhängen erkennen und danach leben. Wenn wir nicht verantwortungsbewußte Verwalter dessen sind, was uns Christus gegeben hat, werden wir auch das verlieren, was wir jetzt besitzen.«

Durch die technologischen Möglichkeiten der modernen Welt sind alle Menschen aufeinander angewiesen in *einer* Gemeinschaft der Spezies Mensch, und diese neue wechselseitige Abhängigkeit schafft ein Meinungsklima, in dem die ältere Abhängigkeit der Habenichtse von den Besitzenden durch eine neue Vorstellung von Partnerschaft in der Anwendung der Technologie ersetzt wird. In internationalen Organisationen können die älteren Gesellschaften, die zur Zeit über die größten technischen Hilfsmittel verfügen, und die neueren, die solche Mittel benötigen, als Partner von gleicher Würde, als Glieder einer Kette zusammenwirken.

Wie in Roms Spätzeit die neue christliche Ethik einen neuen technischen Bereich schuf, als zum erstenmal Hospitäler für die Armen eingerichtet wurden, so verlangt heute die neue Technologie nach einer neuen ethischen Verantwortung. Doch vielleicht war der Abgrund noch nie so tief zwischen den ausdrücklich formulierten Lehrsätzen des Christentums und dem Versuch, im Dienst christlicher Grundsätze die Möglichkeiten zu nutzen, die von der vorhandenen Technologie angeboten werden. Christliche Institutionen setzen ihren unangemessenen, unzureichenden und immer bedeutungsloseren Stil christlicher Einzelfürsorge fort; damit überlassen sie der säkularen Welt – auch der kommunistischen – die umfassende Aufgabe, für die Hungrigen, die Kranken, die Armen so zu sorgen, daß Hunger, chronische Krankheit und Armut überwunden werden.

Das dritte schwierige Problem ist die Frage, ob die Technologie als Ganzes auf die Seite des Guten oder des Bösen gehört. Amerikaner werden sich über diese Fragestellung wundern, denn sogar die unter ihnen, die Wissenschaft für möglicherweise unheilvoll halten, bezweifeln kaum, daß die Technik etwas Gutes sei. So hartnäckig manche Amerikaner noch dem Darwinismus oder den herrschenden astronomischen Theorien über den Ursprung des Weltalls widerstreben, so begrüßen sie doch begeistert fast jede technische Neuigkeit: Auto, Flugzeug, Rundfunk, Fernsehen, Kühltechnik und Klimaanlage, Plastik und andere synthetische Stoffe. Sie stutzten nur kurz über den von Menschen gemachten Satelliten, weil sie seinen Nutzen zunächst nicht einsahen oder weil die Russen ihn als erste auf eine Umlaufbahn schickten. Das tiefe Mißtrauen des Europäers gegen die Maschine, die ihm das »menschliche Maß« und die klassische Humanität zu bedrohen scheint, kennt man in den Vereinigten Staaten kaum, höchstens in den klösterlichen Räumen der Geisteswissenschaften. Diese Art der Erörterung wird deshalb vielleicht für die Amerikaner verwirrend sein, doch sie sollten sich gründlich mit der Feststellung Kaelins befassen, daß »der Christ die wirklichen Gefahren erkennen muß, in die ihn die Technologie bringt«, denn Kaelin denkt dabei an die seelischen Schäden und nicht, wie man leicht meinen könnte, an die Gefahr, daß die Menschheit ausgerottet werden kann.

Doch bei allem Wohlwollen der Amerikaner für die Maschinen – die englische Arbeiter einst als die Zerstörer ihrer handwerklichen Erwerbsgrundlage vernichten wollten – könnten amerikanische Christen eine Abneigung gegen die neuen kybernetischen Maschinen entwickeln. Da sie über die moderne Welt nicht tief und gründlich nachzudenken pflegen, könnten sie durchaus die ganze Idee der Computer und der Automation für von Grund auf böse und für eine dämonische Möglichkeit halten, den Menschen zu enthumanisieren. Morel stößt mit seiner aufschlußreichen Darstellung der wissenschaftlichen Grundlage für die Automation und der Art, wie die Informationstheorie in die Theologie einbezogen werden kann, zum Kern des Problems vor. Für ihn ist die Kybernetik ein neuer Weg, die Organisation des Weltganzen darzustellen, ein Teil im Weltenplan, Abbildung eines Prozesses, der sogar in der unbelebten Materie stattfindet. Sieht man es so, dann ist die kybernetische Revolution keine Sache mathematischer Formeln, wodurch tatsächlich die menschlichen Wesen zu Ziffern im Dienst machthungriger Apparate erniedrigt würden, sondern ein großer Schritt voran auf dem Weg zur Menschwerdung des Menschen – vergleichbar mit anderen revolutionären Fortschritten, etwa mit der Erkenntnis des Menschen, daß man Werkzeuge machen, Tiere züchten, Getreide säen kann, daß die Jahreszeiten wiederkehren, daß man das Feuer nicht nur als Feind fürchten, sondern, wenn es gezähmt ist, als Quelle von Sicherheit und Bequemlichkeit begrüßen kann.

Das Christentum hat diese frühen Triumphe der menschlichen Naturerkenntnis erfreut hingenommen – Saat, Pflug und Sichel, Tierherden und Herdfeuer, die Schrift, die erst die Bibel ermöglichte. Doch sollte man nicht übersehen, daß diese Erkenntnisse, mit denen der Mensch die Verantwortung für die Erde und den Umfang seiner Herrschaft über sie ausdehnte, schon gemacht wurden, bevor das Alte Testament verfaßt wurde, und längst festes Besitztum der Menschheit waren, als Christus erschien. Und das Christentum, das die von der Zeit geadelten Formen segnet, durch die der Mensch seine Intelligenz wirksam ausübt und seine Kenntnis von der Natur in eine Ordnung bringt, zeigt nur eine recht begrenzte Fähigkeit, neue Einsichten aufzunehmen und neue Formen zu begrüßen.

Heute wie einst hat der Widerstand gegen neue Formen des Wissens seine Quelle sowohl in der gewohnten Praxis wie in dem allgemeinen psychologischen Widerstand gegen einen Wandel der Denkweise. Die Automation bedroht etablierte Interessen, etwa die der Gewerkschaftler – und das zu einem Zeitpunkt, wo manchen Christen reichlich verspätet die Notwendigkeit der Gewerkschaften erst aufgeht. Doch was im Augenblick vor allem geklärt werden muß, ist unser Standpunkt zu dem Problem von Mangel und Fülle: Von dem zentralen Bemühen, jedermann einen Job zu schaffen, damit die Produktion aufrechterhalten werden kann, müssen wir zu der Aufgabe übergehen, Grundsätze vernünftigen Konsums für jedermann zu schaffen, damit unsere unglaubliche Produktionskraft ausgenutzt wird. Diese Herausforderung wird man zuerst in den Vereinigten Staaten aufgreifen müssen, obwohl uns das überkommene protestantische Denken in Amerika kaum auf solche Probleme vorbereitet hat.

Die Auseinandersetzungen über die Naturwissenschaften befassen sich mit Fragen, die fast noch dringender und von noch allgemeinerem Interesse sind. Hier kommt es vor allem darauf an, die Wissenschaften als einen Weg der Erkenntnis zu erfassen, der mit anderen Wegen zum Verständnis des Universums viel gemeinsam hat. Die Konzeption des zwanzigsten Jahrhunderts von der Naturwissenschaft als immerwährender, nie endender Forschung hebt sich wohltuend von der starren alten Vorstellung mit ihrer unausweichlichen Schlußfolgerung ab, daß die Religion im Unrecht sein muß, falls die Naturwissenschaft recht hat. Die absolute Offenbarung, wie klerikal ihre Interpretation und wie altertümlich ihre Sprache auch sein mochte, stellte sich der absoluten Wahrheit entgegen, und dieser hochfahrende exklusive Absolutismus – den Wissenschaftler und Religionsvertreter gleicherweise an den Tag legten – führte in eine Sackgasse und lähmt immer noch das Denken einiger Wissenschaftler und Theologen. Auf diesem Weg fand sich keine Synthese, ja hier war nicht einmal die Suche nach einer Synthese möglich.

Mit einer neuen Wendung beginnt Polanyi seine aufschlußreiche Darstellung der Ich-Du-, der Ich-Ich- und der Ich-Es-Dimensionen, wie sie von den Naturwissenschaften entwickelt worden sind; mit seinen einleuchtenden Feststellungen über die Gemeinsamkeit der Betrachtungsweise in Religion und Naturwissenschaft, mit seiner Konzeption der Zusammenhänge bewegt er sich in Richtung auf eine Synthese und überwindet ältere, starre Versuche, eine solche Synthese auszuarbeiten.

Russos Beschreibung der wissenschaftlichen Methode müßte den Humanisten beruhigen und den Naturwissenschaftler begeistern. Besonders wichtig ist seine Einsicht in einen verhältnismäßig neuen Aspekt unserer gegenwärtigen Suche nach der Wahrheit: »Naturwissenschaft, wie sie heute vorgeht, scheint immer deutlicher auf einer *Liebe zur Forschung* zu beruhen. Damit ist gemeint, daß das Ideal des Naturwissenschaftlers heute nicht so sehr in der Erreichung und Betrachtung der Wahrheit liegt, sondern vielmehr im Weg zu ihr, im Einsatz des ganzen Seins, um sie zu erreichen ... An diesem Punkt tritt die Naturwissenschaft nicht mehr als unbedeutende, frei unter vielen Beschäftigungen zu wählende Tätigkeit auf, sondern als eine *lebensnotwendige* Aktivität, ohne die der Mensch nicht auskommen kann, ebensowenig wie er auf Brot verzichten könnte. Sie bedeutet eine Aufgabe, in der sich der Mensch selbst besitzt, selbst befreit, kennenlernt, weil es eben seine tiefste Berufung ist.«

Doch die Wisssenschaft zeigt uns nicht nur neue Wege zum Verständnis des Universums und nicht nur neue Quellen des Selbstverständnisses. Die angewandte Naturwissenschaft eröffnet uns neue Möglichkeiten zur Erfüllung unserer christlichen Pflichten. Die Chemie, die Biologie und die Ernährungswissenschaft haben uns neue Wege gebahnt, dem Befehl »Weide meine Schafe« zu gehorchen. Die Entwicklung in Medizin, Epidemiologie, Virologie und Bakteriologie hat uns neue Möglichkeiten für das »Heilt die Kranken« gewiesen. Neue Konzepte für die gesellschaftlichen Ordnungen und die Einsicht in den Funktionszusammenhang der Gesellschaft öffnen uns neue Möglichkeiten, »zuerst das Reich Gottes und seine Gerechtigkeit« zu suchen. Und unsere Untersuchungen über die Psyche der Kinder enthüllt uns ein menschliches Verlangen, das so stark wie Hunger und Durst ist, so zwingend wie das Bedürfnis nach Ruhe und nach Liebe, nämlich das Verlangen, sich mit dem All zu verbinden, ein »kosmisches Gefühl«, das die Religionen entstehen ließ und sie für den Menschen immer wichtiger macht.

Dennoch scheint mir, daß wir bei aller prächtigen Modernität und Sensibilität zwei wichtige Themen vernachlässigt haben. Da ist einmal unser Bemühen, die Abhängigkeit vom technologischen Fortschritt mit dem biblischen Auftrag zu rechtfertigen, in dem es heißt: »Macht euch die Erde untertan und herrschet über alles Lebendige auf der Erde« (1. Mose 28). Der Begriff »herrschen« vermehrt die Schwierigkeit, die Verantwortung zu erkennen und die Ausbeutung einzudämmen. Doch die Definition der Naturwissenschaft als einer Tätigkeit, die zum Verständnis des Weltganzen führt, verlangt auch Verantwortlichkeit in der Anwendung dieser Kenntnisse und fordert den Verzicht auf ausbeuterische und zerstörerische Möglichkeiten der angewandten Wissenschaft und Technologie.

Zweitens: Sosehr solche Erörterungen auch vom christlichen Glauben durchdrungen sind, widmen sie doch der Veränderung der Welt durch die Entwicklung nuklearer, chemischer und biologischer Waffen nicht genug Aufmerksamkeit. Der Mensch unserer Zeit hat nicht nur die Einsicht in Gut und Böse, sondern auch die Macht der völligen Zerstörung. Diese von ihm selbst hervorgebrachte Zerstörungskraft belastet den Menschen wie nie zuvor; sie ist eine Bürde wie die der Erkenntnis von Gut und Böse, und in vorausschaubarer Zukunft wird er sie nicht abwerfen können. Angesichts dieser Macht wird die Entwicklung eines Verständnisses der Naturgesetze, das den Menschen befähigt, eine Welt ohne Krieg zu errichten, zu schützen und aufrechtzuerhalten, zur Voraussetzung für alle anderen Segnungen, die wir aus unserer Kenntnis der Natur und des Menschen selbst gewinnen könnten.

Christlicher Glaube und Entwicklungshilfe

Unsere Fähgikeit, die technologische Entwicklung zu beschleunigen, ist in den letzten Jahrzehnten so revolutioniert worden, daß die christlichen Kirchen in eine spürbare ethische Zwangslage geraten sind. Zwei Jahrtausende lang haben Christentum und jüdischer Glaube die religiöse Ethik bestimmt und Sinn und Zweck in dem Versuch erkannt, den Elenden zu helfen und die geistige Finsternis der Sklaven, Leibeigenen, Heiden, der Ureinwohner neuentdeckter Kontinente und überseeischer Inseln zu erhellen. In der jüdischen Ethik galten Heilen, Speisen und Lehren als gute Taten, die dem Geber selbst zugute kamen, und zwar in solchem Maße, daß sie der Empfänger mit kaum mehr als formellem Dank zu erwidern brauchte. Gleicherweise waren im überlieferten Christentum die Fürsorge für die Kranken, die Speisung der Hungrigen und die Unterweisung der Unwissenden Werke, durch die der in christlichem Mitleid und aus Caritas handelnde einzelne Gottes Wegen näherkam. Diese Einstellung entsprach dem Stand der Technik in den ersten neunzehnhundert Jahren der christlichen Ära. Christliches Mitleid mit den Leidenden überstieg weit die Fähigkeit der Christen, Krankheiten zu heilen; christliche Caritas mochte den Bedürftigen zu Hilfe eilen, doch die großen Hungersnöte und der Schwarze Tod verwüsteten Europa; christliche Frömmigkeit und Hingabe mochten mit sorgsamer Hand alte Texte abschreiben, doch die weltweite Fähigkeit zum Lesen und Schreiben wartete auf die Buchdruckerkunst, auf die Massenproduktion von Büchern, schließlich auf die audiovisuellen Methoden des zwanzigsten Jahrhunderts. Aus den Küchen der Klöster und Kollegien mochten den Armen zu Weihnachten Fleischstücke »groß wie Kinderköpfe« gereicht werden, und in Konventen mochten Kinder, durch Seuchen und Hungersnöte verwaist, liebevoll aufgezogen werden: Gegen Seuche, Hunger und Unwissen war das alles nur ein leichtes Bollwerk. Die Religion predigte Unterwerfung unter Gottes Willen und beschwichtigte die Bitterkeit und die Auflehnung derer, denen die Kinder eins nach dem anderen wegstarben oder die als einzige Überlebende einer Seuche übrigblieben. Da das Mitleid die angemessene christliche, aktive Tugend war, entsprach ihr die Ergebenheit als passende christliche Tugend für Leute, deren Schultern von immer neuen, heute als vermeidbar angesehenen Schicksalsschlägen gebeugt wurden.

Indessen wurden das mitleidige Dienen und die sanfte Ergebenheit gestärkt durch den Blick auf ein Jenseits, das materielle Dinge verächtlich machte, obwohl man den Hungernden Brot gab oder die schrecklichen Wunden an den Füßen von Leuten pflegte, die im Winter ohne Schuhe laufen mußten.

Die Blickrichtung auf das Jenseits herrschte vor, obwohl Dinge als Symbole des Guten gepriesen wurden, durch die der Mensch sein Brot gewann oder über See zu neuen Nahrungsquellen reiste: der Pflug, die Sichel, das Schiff, Sinnbilder, die sich mit der tiefsten Frömmigkeit vereinen ließen. Dann kamen die Maschinen; die in Tretmühlen eingespannten Männer und Frauen wurden durch Kraftstoffe ersetzt, die ermüdete menschliche Hand durch Mechanik. Zunächst schien die Maschine den menschlichen Geist eher zu versklaven als zu befreien; und als Männer und Frauen in Bergwerke und Fabriken gingen, erschien die Maschine als Moloch, der die Seelen und Körper der gerade erst zu Städtern gewordenen, verlorenen, ausgebeuteten menschlichen Wesen verschlang. Pflug, Sichel und Segel blieben die Symbole einfacher christlicher Güte, fruchtbarer Erde, guten, auf dem Felde geernteten Getreides oder des Reisenden, für den man betete. Doch die Maschine, die zur Fruchtbarkeit des Bodens beitragen und die Fahrten des Reisenden sicherer machen sollte, wurde mit dem Mammon identifiziert. Die Maschinen und all ihre Werke waren schlecht – standen der Vision eines Neuen Jerusalem entgegen, das man viel lieber in Englands grüne, hübsche Landschaften gesetzt hätte. Indessen vermehrten sich die Produkte der Maschinen, und die Menschen begannen in Städten zu leben, die zunehmend mit Gottlosigkeit, Materialismus und Industrialisierung gleichgesetzt wurden, einer Art Trilogie des Teufels; und diese Stimmung wurde keineswegs gemildert durch den Nachdruck, den die bolschewistische Propaganda ihrerseits auf die Verbindung von Atheismus und Glorifizierung der Maschine legte.

So befinden wir uns heute in einem heillosen Zustand. Seit dem Zweiten Weltkrieg bedeutet die neue Technologie, verbunden mit dem Aufflammen von Sehnsucht und Hoffnung bei allen Völkern, daß wir der Möglichkeit gegenüberstehen, Hunger und vorzeitigen Tod zu verhindern und Bildung und Wissen weit über die kühnsten Träume der letzten Jahrzehnte hinaus zu entwickeln. Doch dieser Aussicht stehen wir nicht mit der vollen Kraft religiöser Hingabe gegenüber, sondern mit geteiltem Geist und Herzen, mit dem Zweifel, ob irgend etwas von der Maschine Hervorgebrachtes gut sein könne, mit der Sorge, es sei materialistisch, zu planen, Traktoren einzuführen, Montagebänder einzurichten, in Massen hergestellte Kleidung zu tragen, Taschenbücher zu kaufen oder vielleicht sogar – wenn es sich um eben erst christianisierte Primitive handelt – Schuhe zu verlangen. Eine an Mitleid und Ergebenheit in einer Welt des Leidens und der Armut gewöhnte religiöse Ethik steht verstört und verwirrt vor einer möglichen Welt, in der niemand zu hungern braucht, keiner aus Mangel an erprobten Heilmitteln sterben muß und niemand unwissend und als Analphabet durchs Leben zu gehen braucht.

Der Kommunismus und seine Jünger kennen solche Verwirrungen nicht. Wie sehr auch ihre Methoden ihre Ziele bis zur Unerreichbarkeit ins Unrecht setzen mögen, halten sie doch fest an der klaren Übereinstimmung zwischen Gesundheit, Bildung und Wohlfahrt auf der einen und der kommunistischen Ethik auf der anderen Seite; junge sowjetische Delegierte haben echte Tränen auf internationalen Kongressen vergossen, als von der Landgewinnung in einem Tal verhungernder Bauern berichtet wurde. Die ungebrochene Kraft ihres Glaubens, daß Nahrung und Gesundheitserziehung als lohnendste Ideale von ihnen selbst und von anderen Völkern angestrebt werden sollten, kann die hungrigen, unwissenden und von Krankheiten geplagten Völker der Dschungel und Wüsten in den unterentwickelten Gebieten der Erde mit neuer Hoffnung erfüllen. Doch die Ansicht der Missionare draußen und mancher Christen daheim lautet anders; unter Hinweis darauf, daß der Mensch nicht allein von Brot lebt, wollen sie sich nicht für die Möglichkeit einsetzen, tatsächlich allen Menschen Brot zu verschaffen. Allzuoft müssen die Enthusiasten, die sich der technischen Entwicklungshilfe widmen, die für mehr Gelder kämpfen, die nach Mitteln und Wegen suchen, um die Errungenschaften eines Teiles der Welt für die übrige Welt nutzbar zu machen, sich allein auf ihren weltlichen Eifer stützen, ohne Ermunterung und Hilfe durch die christlichen Kirchen. »Die Mission hat uns die Wahrheit gebracht, aber nicht den Weg gezeigt«, heißt es bei den Völkern der pazifischen Inselwelt; sie lehnen sich gegen eine Unterweisung auf, die ihnen »die Wahrheit über den Beginn der Welt« sagt, aber »uns nicht erklärt, wie wir unsere Säuglinge vor dem Sterben und unser Volk vor dem Tod in jungen Jahren retten sollen«.

Daß die christlichen Kirchen diese beispiellose Hoffnung für die Völker der Erde nicht aufgegriffen und zu einem heiligen Auftrag innerhalb ihrer Aufgabe, »das Leben aller Menschen und das Leben der Welt« zu achten und zu schützen, gemacht haben, ist ein Versagen, das sein Gegenstück in einer anderen ethischen Zwangslage findet: in dem Wunsch, technische Entwicklungshilfe, Ernährung, Unterweisung und Medizin als Bestechung einzusetzen, um die Völker anderer Länder gegen den Kommunismus auf unsere Seite zu bringen. Immer und immer wieder hört man das Argument, technische Entwicklungshilfe sei taktisch richtig, sei der einzige Weg, den Vormarsch des Kommunismus aufzuhalten. Diese Ansicht paßt zu Leuten, die von anderen annehmen, alle guten Werke geschähen nur zu eigenem Nutzen, und ihr Argument steht auf einer Linie mit Programmen für Schulspeisungen, die nicht in erster Linie Kinder satt machen, sondern landwirtschaftliche Überschüsse verwerten sollen. Es ist sicherlich weniger verdienstlich, die Flut des Kommunismus einzudämmen – oder, christlich ausgedrückt, gegen den »Teufel« zu kämpfen – als für Gottes Kinder zu sorgen. Wie kann man bei der Überlegung, auf welche Weise wir, wenn wir es nur wollen, Millionen Menschen von Hunger, Schmerz und Unwissenheit befreien können, anführen, daß dies auch vernünftige nationale Politik sei! Die Berufung auf diesen geringeren Zweck verdunkelt und entstellt den leuchtenden Entschluß, den die Vision dessen, was heute getan werden kann, eigentlich in der Phantasie eines heutigen Christen entzünden sollte. Heute ist es möglich, alle »seine Lämmer zu weiden«. Jesus sagte, »heilt die Kranken«, und mit Aureomycin, Sulfonamiden, Malaria-Bekämpfung, Immunisierung und

Impfung »können sie geheilt werden«. Statt solcher Vision von der Bruderschaft der Menschen, einer Vision, die heute und hier auf der Erde zu verwirklichen ist, haben wir die »technische Entwicklungshilfe als nützliche Ergänzung nationaler Politik«, passend verabreicht in kleinen Portionen im Rahmen bilateraler Übereinkünfte und unter Einschluß von Kriegswaffen. Das aber bringt eine sittliche Mesalliance hervor zwischen der defensiven Kriegsführung – die von religiös Empfindenden immer nur als ein Übel angesehen werden kann, allerdings vielleicht als ein absolut notwendiges, falls die Voraussetzungen für das Bestehen der Religion auf der Erde davon abhängen – und dem Austausch von Hoffnung und Leben zwischen den technisch fortgeschrittenen und den technisch unterentwickelten Völkern der Erde. Wenn technische Hilfeleistung so zu einem Werkzeug entweder des Anitkommunismus oder der nationalen Politik herabgewürdigt wird, kann sie nicht mehr die religiöse Phantasie des Menschen völlig erfüllen.

In den Erörterungen zu Punkt 4 der Politik bilateraler Hilfe der Vereinigten Staaten war es üblich und wichtig, darauf hinzuweisen, daß viele Amerikaner schon längst bereitwillig Leben und Vermögen eingesetzt hatten, um der Bevölkerung anderer Länder das Evangelium, Medizin, Bildung und Nahrung zu bringen. Doch das haben sie nicht als Amerikaner, sondern als Christen getan, als besondere christliche Gruppen, etwa als Methodisten, als Quäker, als Episkopalisten oder Baptisten. Auch in nur säkularen Aktionen zur Versendung von Nahrung und Kleidung ins Ausland waren die Amerikaner durchaus großzügig, wenn sie als einzelne oder als freiwillige Mitglieder von Organisationen handelten; doch jede Aktion des Kongresses lehnten sie mit Widerwillen ab. Europäische Beobachter wunderten sich oft über den offensichtlichen Widerspruch, daß dieselben Amerikaner, die im Ersten Weltkrieg so großartig auf den Appell zum Verzicht auf wesentliche Nahrungsmittel reagierten, im Zweiten unentwegt über ihre Sorge sprachen, »Hungers zu sterben«. Doch der Unterschied ist leicht zu erklären. Ich erinnere mich an ein Gespräch während des Krieges mit einem hohen britischen Beamten im Ausland, der meinte: »Wie es auch sei, ihr Amerikaner werdet nicht die notwendigen Nahrungsmittel ausführen. Ihr werdet sie selbst verzehren.« Ich widersprach heftig und sagte, das amerikanische Volk habe seine Großzügigkeit bewiesen und sei bereit, auf Butter und Zucker zu verzichten, damit andere Menschen nicht zu sterben brauchten; aber in diesem Krieg, wo die Regierung die Hilfsmaßnahmen geplant habe, sei die Bevölkerung nicht von ihrer Notwendigkeit überzeugt. Er meinte darauf: »Dann gehen Sie heim und suchen Sie den religiösen Führer, der bereit ist, im Volk das rechte Verständnis zu wecken.» Doch eine solche Persönlichkeit fand sich nicht; bei den Gruppen, die den Amerikanern klarzumachen versuchten, daß der Entschluß, Seife nicht zu rationieren, für Millionen von Kindern Nahrungsmangel bedeutete, gingen Linksgerichtete, mißtrauisch beargwöhnt, voran. Die tatsächlich gewaltigen Beiträge – die noch größer hätten sein müssen –, mit denen die Regierung der Vereinigten Staaten den Versuch zur Ernährung der Welt machte, wurden von der Geistlichkeit nicht unterstützt und waren in der Vorstellung des amerikanischen Volkes nicht zu gering – wie sie zweifellos eingeschätzt worden wären, falls man die Amerikaner zu freiwilliger, privater, christlicher Hilfe aufgefordert hätte, statt sie als Steuerzahler zu belasten –, sondern zu hoch.

Wenn wir heute technische Hilfe gewähren und anderen Völkern helfen, Hungertod, Unwissen und vermeidbare Krankheiten zu überwinden, haben wir die Wahl, bilateral vorzugehen, nämlich als Mitglieder eines sehr reichen, sehr einflußreichen, großzügigen, doch auf sich selbst konzentrierten Nationalstaates (denn eine nationale Regierung hat die Aufgabe, ihr eigenes Volk gegen jedes andere zu schützen), oder als Glieder einer Vereinigung von Nationen, in der wir, die wir helfen möchten, denen, die Hilfe brauchen, auf der gleichen Ebene des Interesses und der Würde begegnen. Wenn christliche Großzügigkeit und christliches Geben mit jenen demokratischen Institutionen übereinstimmen soll, die durch die Vision von der Brüderlichkeit des Menschen unter Gottes Vaterschaft so sehr gefördert worden sind, dann muß jede Unstimmigkeit zwischen Geber und Empfänger, falls sie ausgeräumt werden kann, wirklich ausgeräumt werden. Einfacher Austausch, kein feudales Wohltun, adelt den Geber wie den Empfänger, während die kleinste unnötige, zusätzliche, in gewissem Sinne nur technologische Diskrepanz den Austausch herabwürdigt und trübt.

Im Rahmen des Programms der Vereinten Nationen für die Technische Entwicklungshilfe arbeiten alle Mitglieder – die Vereinigten Staaten, Venezuela, Frankreich, Indonesien, Norwegen, also Länder, von denen einige besonders wohlhabend und mächtig, manche technisch hoch entwickelt sind, andere erst am Anfang der Aufgabe stehen, moderne Wissenschaften in den Dienst ihrer eigenen Bevölkerung zu stellen – auf der Grundlage der Gleichberechtigung innerhalb einer Organisation, die ihre eigene ist. Wenn die Regierung von Venezuela oder Griechenland von der Technischen Entwicklungshilfe der Vereinten Nationen Hilfe erbittet, tut sie das als Mitglied einer Gruppe von Brüdern, das Hilfe von dieser Gruppe erwartet, nicht aber als Armer, der einen Reichen bittet, als Schwacher, der sich an den Starken, oder als Unerfahrener, der sich an den Erfahrenen wendet. Vielleicht müssen die Vereinten Nationen alle Ingenieure aus den hoch entwickelten Ländern holen, doch diese Männer werden innerhalb der gemeinschaftlichen internationalen Rahmenarbeit auf der Grundlage garantierter gleicher Würde mit den Vertretern jenes Landes zusammenwirken, das um Hilfe gebeten hat. Als reichstes Land werden die Vereinigten Staaten vielleicht die höchste Rechnung bezahlen, doch nicht als einzelner Wohltäter von Bettlernationen, sondern als eines der Völker in der Welt.

Wenn Unterstützung so verstanden wird, daß wir, die Glücklichen, den weniger Glücklichen beistehen, geht ein hoher sittlicher Anspruch von ihr aus, der die moralische Energie der Amerikaner als Bürger auf die Verantwortung der Vereinigten Staaten für die Welt lenken müßte. Doch wie es Kipling vor langer Zeit in seinem mißverstandenen Gedicht *The White Man's Burden* – Des Weißen Mannes Bürde – betonte, hat ein technisch hoch entwickeltes Land – dessen Technologie, Religion oder politische Institutionen von generationenlangem, erfolgreichem gemeinschaftlichem Bemühen auf hoher Ebene geprägt sind – dafür zu sorgen, daß die Empfänger von Hilfe nicht zu Speichelleckern und Wohlfahrtsabhängigen werden, sondern zu Gleichgestellten, und es ist ja auch als Ziel ausgesprochen worden, daß die Bevölkerung in politisch unselbständigen Ländern Hilfe erhalten soll, um sich zu voller Souveränität zu entwickeln. Es darf hier keine Vermischung christlichen Gebens mit begrenzteren nationalen Interessen geben, keinen aufgeblasenen Stolz einer überlegenen Nation. Die Menschen jedes Landes, die sich als Christen bezeichnen, haben gegen andere Völker eine Aufgabe zu erfüllen, bei der kein damit unvereinbares Sonderinteresse den vollständigen Einsatz ihrer religiösen Hingabe zu beeinträchtigen braucht.

Doch auch dann, wenn die Technische Hilfe der Vereinten Nationen sich zum strukturellen Ausdruck für die Bruderschaft der Menschen unter Gottes Vaterhand entwickelt, in der sich kein Bruder über den anderen erheben darf, stecken wir immer noch in Schwierigkeiten. Wir haben immer noch den christlichen Zweifel an den Segnungen der Technik in uns, die christliche Neigung, die es fertig bringt (wie ich selbst von Männern aus geistlichen Orden gehört habe), den Wunsch der Mütter, ihre Säuglinge möchten überleben, als »Materialismus« zu brandmarken. Es ist die alte Neigung des Christen, die Maschine – die doch als Nachfolger von Pflug, Sichel und Mörser dem Menschen ermöglicht, ein menschenwürdiges Leben zu führen – als Feind des Geistigen anzuklagen. Unter einem kunstvollen Überbau, der sogar das Argument einschließt, daß man die Kulturen der Völker schonen müsse – ein Argument, das wenig genug galt, als es darum ging, anderen Völkern sämtliche Einzelheiten unserer kulturbeladenen religiösen Vorstellungen zu vermitteln –, haben sich zu viele Christen abgewendet von dem »Materialismus« eines Programms, das die Hungrigen lehren will, sich Nahrung zu beschaffen; sie unterstützen weiterhin die christlichen Tugenden des Mitleids und der Ergebenheit, wie sie zu den unvermeidlichen Leiden des Menschen gehörten, noch in der Welt des zwanzigsten Jahrhunderts, in der Hunger und Krankheit und Unwissen nicht mehr unvermeidlich sind, sondern endgültig und sofort vermeidbar. Religiös begabte Menschen haben schon vor Jahrhunderten gewußt, was der Mensch für den Menschen erbitten sollte. Ich zitiere aus einem alten Gebet der elisabethanischen Zeit:

»Die da gefangen und gebunden sind durch gänzlichen Mangel an des Leibes Notdurft, können ihren Sinn nicht auf dich richten, wie sie es sollten; denn der Mangel an allem, was sie sich ersehnen, bedrückt ihr Herz, und sie jammern kummervoll. Hab deshalb Mitleid mit ihnen, Vater voller Gnade, und erleichtere ihre Bürde durch deinen Reichtum über alle Maßen, damit sie ihrer dringenden Not ledig werden und ihr Herz zu dir emporrichten.

Du, o Herr, bereitest mit deiner freigebigen Hand genug von allem für alle Menschen . . . Gib den Hungrigen Fleisch und gib den Dürstenden zu trinken; tröste die Trauernden, beflügele die Ängstlichen, stärke die Schwachen; befreie die Bedrückten und gib Hoffnung und Mut denen, die verzagten Herzens sind.

Hab Gnade, o Herr, mit allen Wucherern und denen, die ungerechten Verdienst und ungesetzlichen Gewinn anstreben. Wende du die Herzen derer, die mehr vom Betrügen als von harter Arbeit leben. Lehre uns, daß wir täglich und ganz einer den anderen brauchen. Schenke uns Nächstenliebe in Hand und Herz, damit wir unser angemessen Teil zum gemeinschaftlichen Gut hinzufügen; durch Jesus Christus unseren Herrn.«

Der Mensch als kulturelles Wesen

Die Aufgabe der Anthropologie

Die Anthropologie bereichert unsere Kenntnisse des Menschen durch die Resultate verschiedener spezifischer Forschungsarten. Diese Kenntnisse ihrerseits erweitern und vertiefen das Verständnis des Menschen als eines Geschöpfes unter allen lebenden Geschöpfen, die diesen Planeten in diesem Sonnensystem bewohnen. Gewisse Zweige anthropologischer Forschung gehen Millionen Jahre zurück, um den Menschen in den Zusammenhang der Evolution des Lebens zu stellen und die Entwicklung der verschiedenen Organe des Menschen und seiner Fähigkeiten zu verfolgen, das Universum, in dem er lebt, wahrzunehmen, zu gestalten, zu befragen und in Ansätzen zu verstehen. Durch ein vergleichendes Studium der vielen verschiedenen Kulturformen, die es in der Vergangenheit gegeben hat – Rekonstruktion von Fossilien, Untersuchung archäologischer Sprachreste und anderer Aspekte der Kultur und überlebender Lebensformen – und durch direkte Beobachtung im Alltag und Analyse der allgemein gebräuchlichen symbolischen Formen erforscht die Anthropologie den Umfang der menschlichen Fähigkeit, Kultursysteme zu schaffen. Als eine Folge der vergleichenden und historischen Studien, die in den letzten zweieinhalb Jahrhunderten getrieben worden sind, sind zwei frühere Theorien über die menschliche Geschichte in Frage gestellt worden. Wenn auch unsere heutigen Kenntnisse keinen Zweifel darüber lassen, daß die Gesellschaftsformen im Laufe der Evolution große Veränderungen durchgemacht haben – das einfache Nahrung-Sammeln und Jagen ist von Landwirtschaft und Viehzucht abgelöst worden, und diese wiederum haben sich zur heutigen industriellen und technischen Kontrolle der Natur durch den Menschen entwickelt –, so ist doch die Annahme des 19. Jahrhunderts, daß alle Formen der Kultur, das künstlerische, geistige, soziale und religiöse Leben des Menschen, an diese Entwicklung einer technischen Kultur gebunden sind, nicht mehr haltbar. Durch detaillierte Arbeit ist eine ungeheure Vielfalt von kulturellen Verhaltensweisen aufgedeckt worden, wobei die Kompliziertheit symbolischer Formen oft mit einer Einfachheit technischer oder gesellschaftlicher Organisation gepaart ist. Dadurch ist auch die spätere Auffassung in Frage gestellt worden, die so oft von Gesellschaftskritikern vertreten wird, die behaupten, ihre Aussagen auf anthropologische und soziologische Beweise zu stützen, nämlich die Auffassung, daß der Vorgang der Verstädterung eine gewisse Entartung des menschlichen Verhaltens zur Folge hat. Dieser Auffassung kann das Forschungsmaterial entgegengehalten werden, das beweist, daß kleine isolierte menschliche Gemeinschaften auch eine tiefgreifende Entartung der menschlichen Beziehungen aufweisen können – die Völker des Baliemtales, die Mudugumor des Yuat-Flusses in Neu-Guinea, die isolierten Bergvölker in vielen euro-amerikanischen Gemeinschaften – und daß die Entartung als Folge der Verstädterung mit der Übergangssituation und der sich daraus ergebenden gesellschaftlichen Auflösung zusammenhängt und nicht mit dem Vorgang der Zivilisation selbst. Wenn auch die heutige anthropologische Evolutionstheorie den augenblicklichen Zustand unserer eigenen Kultur nicht als eine absolute Verbesserung gegenüber allen vorhergehenden Kulturen ansieht, so betrachtet sie doch die zunehmende Fähigkeit des Menschen zur Kommunikation, zur Organisation in immer größere Gemeinschaften von einzelnen, die alle als Glieder einer Gruppe definiert werden, und die Fähigkeit zu immer umfassenderem Verstehen und die sich daraus ergebenden Möglichkeiten einer wirksamen Lenkung des sozialen Verhaltens des Menschen als Begleiterscheinung des technischen Fortschritts. Im Zuge dieser Erweiterung unserer Kenntnis von den einzelnen Schritten, durch die der Mensch seinen heutigen physischen, kulturellen und sozialen Stand erreicht hat, befaßt die Anthropologie sich auch mit möglichen zukünftigen Veränderungen. Wir wissen, daß der Körper des Menschen und seine physischen Fähigkeiten auf langfristige Veränderungen der Lebensbedingungen reagiert haben, als der Mensch die Fähigkeit erworben und entwickelt hat, Nahrungsmittel anzubauen, zu speichern und zu-

zubereiten; die Fähigkeit, Unterkunft und Kleidung als Schutz gegen rauhes Wetter zu beschaffen; die Fähigkeit, mit den Naturprodukten der Erde umzugehen und sie zu verwandeln durch die Herstellung von Werkzeugen und Maschinen und die Schaffung neuer Energiequellen und sogar neuer Arten von Rohstoffen; die Fähigkeit, viel von dem, was die Menschen erfahren haben, aufzuzeichnen und weiterzugeben – über eine Entfernung hin und für zukünftige Generationen; und die Fähigkeit, sich zu noch größeren und vielfältigeren Gemeinschaften zusammenzuschließen, besonders durch die Entwicklung neuer und immer schnellerer Verbindungs- und Verkehrsmöglichkeiten.

Darum ist es auch Aufgabe der Anthropologie, die mögliche zukünftige Entwicklung des Menschen unter neuen Bedingungen zu berücksichtigen: die große Bevölkerungsdichte, die Last, die von dem Wissen herkommt, wie man Katastrophen herbeiführen kann, in denen nicht nur kriegführende Gruppen, sondern die gesamte Menschheit und vielleicht sogar alle Lebewesen zerstört werden könnten, die Möglichkeiten, die in der neuen Technik liegen. In ferner Vergangenheit vergrößerten Erfindungen wie Rad, Segel, Pflug und Webstuhl die einfache Herrschaft des Menschen über seine äußere Umwelt. In der heutigen Technik sind Maschinen nicht nur an die Stelle der kompliziertesten manuellen Verrichtungen getreten, sondern sogar an die Stelle jedes komplizierten Vorgangs der Unterscheidung, des Gedächtnisses und der Entscheidung – Aufgaben, die früher vom menschlichen Gehirn ohne äußere Hilfsmittel ausgeführt wurden, so wie die Menschen früher den Boden mit nichts anderem als Grabstöcken in den Händen bestellten.

Eine umfassendere Sicht der Menschheit

Das ist also der erste Beitrag, den anthropologisches Gedankengut zum christlichen Denken leisten kann: eine immer detailliertere und konkretere Erkenntnis der Schritte, durch die der Mensch seinen gegenwärtigen physischen, kulturellen und sozialen Stand erreicht hat; die zunehmende Erkenntnis, daß dieser Stand selbst der Veränderung unterworfen ist; und aufgrund der neu erworbenen Fähigkeit des Menschen, seine eigene Vergangenheit und Gegenwart zu verstehen, ein immer stärker werdendes Bewußtsein dessen, daß der Zustand des Menschen in zunehmendem Maße seiner eigenen Kontrolle unterliegt, sei es zum Guten oder zum Bösen.

Da die Menschen sich auf den konkreten Wortlaut der Schrift verlassen haben, so wie er von ihren Vorfahren geprägt worden war – von Menschen, deren Eingebung durch ihren Stand in Raum und Zeit genährt und gestaltet wurde –, ist traditionsgemäß auf das Verständnis des Menschen als eines sich wandelnden Geschöpfes, das in einer Welt lebt, die der Mensch selbst verändert, wenig Nachdruck gelegt worden. Biblische Parallelen zur Verstädterung mag man im Untergang von Sodom und Gomorrah suchen, und es ist anzunehmen, daß Pflug und Gartenschere so behandelt worden sind, als ob sie dem Menschen am Tor des Gartens Eden in die Hand gegeben worden wären. Von Menschen, deren weitreichendste Kenntnis der Welt sich auf Teile Asiens und Europas beschränkte – für die der größte Teil Afrikas und der ganze amerikanische Kontinent sowie Australien jenseits des weitgefaßtesten Vorstellungsvermögens lagen –, wurde die beengte Natur der alten Welt als eine Art Prototyp der Zivilisation angesehen. Man hielt es für möglich, daß die Menschen vorübergehend Fortschritte machen, daß sie große Städte bauen, große Kriege führen und große Unternehmungen durchführen können. Doch dann würde eine große Zivilisation zusammenbrechen und – dem Anschein nach ohne wirklichen Wandel – in gebrochene und geringere Formen der Vergangenheit zurückfallen, so wie der Turm zu Babel zerfallen ist.

Die anthropologische Forschung stellt auch die Frage nach den Möglichkeiten und Beschränkungen, die dem physischen Sein des Menschen gesetzt sind und die Ausdruck des Weges sind, den er zurückgelegt hat; sie bietet eine umfassendere Betrachtung der Wahrnehmung des Menschen und der gesellschaftlichen Organisationsformen – und infolgedessen menschlicher Gemeinschaften –, die auf diesem Planeten existiert haben, existieren und in der Zukunft vielleicht existieren werden.

Das kann vielleicht am einfachsten folgendermaßen ausgedrückt werden: unser heutiges Verständnis des Menschen muß sowohl die Menschen umfassen, die vor 500000 Jahren gelebt haben – Menschen, die nur die rohesten und einfachsten Werkzeuge und die rudimentärsten Formen sozialer Organisation besaßen –, als auch die heute lebenden Menschen, die sich in einem technischen Stadium befinden, das dem der frühen Menschen nicht unähnlich ist, die man heute noch in entlegenen Teilen der Erde findet, deren Traditionen so alt sind wie unsere, doch viel einfacher als die traditionelle Lebensweise des hebräischen Volkes zu Beginn seiner aufgezeichneten Geschichte. So wie das christliche Verständnis des Menschen – als Ebenbild Gottes und als Wesen, in dem Christus erkannt werden kann – von den Christen auf alle Menschen ausgedehnt worden ist, so wird jetzt detailliertes Forschungsmaterial zusammengetragen über den fossilen Menschen, den vorgeschichtlichen Menschen und den primitiven Menschen – Material, das einen allgemeinen Überblick über die Menschheitsgeschichte als der Geschichte einer Art ermöglicht. Und diese Art kann, wie alle anderen Arten, als *eine* Art beschrieben werden, das heißt als eine Gruppe von Lebewesen, in der sogar die räumlich voneinander entferntesten Einzelwesen sich, wenn sie zusammengebracht werden, paaren und Nachkommen erzeugen können. Doch neben diesen Merkmalen, die die Menschen mit anderen verwandten Arten und mit einigen auf der Evolutionsleiter weit von ihnen entfernten Arten gemeinsam haben – zum Beispiel die Versorgung durch beide Eltern, die Bedeutung des Sehvermögens und die aufrechte Haltung teilen sie mit den Vögeln –, waren die Menschen immer von ihrer Fähigkeit abhängig, sich innerhalb des durch die Gruppe gebildeten Rahmens zu Personen zu entwickeln und doch auf die Individualität jedes einzelnen zu reagieren. Der biblischen Ermahnung, seinen Nächsten zu lieben, entspricht unsere Kenntnis der vielen tausend Weisen, in denen kleine Gruppen von Menschen um ein umfassenderes Verständnis des nachbarschaftlichen Verhältnisses gerungen haben. Haben die Christen immer wieder betont, daß das Bemühen des Menschen auf Erden, seine natürlichen Antriebe mit den christlichen Idealen menschlichen Verhaltens in Einklang zu bringen, im Grunde genommen ein endloses Bemühen ist, so wird auch von den Bemühungen menschlicher Gemeinschaften berichtet, manchmal erfolgreich und manchmal erfolglos, eine soziale Ordnung zu schaffen, in der die Menschen die christlichen Ermahnungen befolgen können. Vergleichende Studien haben auch das endlose Bemühen in jeder Gesellschaft gezeigt, Kinder so zu erziehen und Erwachsene so zu fördern, daß das Ideal des guten Lebens, wie verschieden es auch definiert werden mag, über des Menschen widerstrebende Tendenzen triumphiert.

Die moderne Anthropologie stellt auch die Probleme in einen neuen Zusammenhang hinein, die sich einerseits aus dem Glauben an einen unvermeidlichen Fortschritt ergeben und andererseits aus dem Glauben, daß der Kampf des Menschen zwischen seiner ursprünglichen Natur und seinen Bestrebungen im Grunde genommen ein endloser Kampf ist. Während des 19. Jahrhunderts und bis in die ersten Jahre des 20. Jahrhunderts hinein hatten die Schwierigkeiten, das fossile Material zu entziffern, und die Neigung der euro-amerikanischen Völkergruppe, sich nach wie vor als Mittelpunkt zu betrachten, die Tendenz zur Folge, die Evolution – die fortschreitende Verwandlung biologischer Formen im Laufe der Zeit – und den sozialen Fortschritt in gewissem Sinne als auswechselbare Begriffe zu behandeln und somit wenig Raum zu lassen für das christliche Verständnis dieses Kampfes als eines ewigen Kampfes. Doch die moderne Anthropologie, dem Beispiel der modernen Biologie folgend, hat die einfache Vorstellung aufgegeben, wonach jede biologische Evolution in sich und aus sich selbst progressiv ist; und die zusammengetragenen Zeugnisse früher Kulturen haben unser Denken von dem Ethno-Zentrismus befreit, der der Annahme zugrunde liegt, daß alle Zivilisationen ihren Ursprung in Asien haben. Die Erschließung der vielen verschiedenen Wege, auf denen biologische Spezialisierung einerseits und kulturelle Formen angelernten Verhaltens andererseits in Sackgassen münden können – oder verloren gehen können –, erweitert unser Verständnis vom vergänglichen und gebrechlichen Charakter der Gegenwart und Vergangenheit des Menschen und klärt das zukünftige räumlich-zeitliche Verhältnis des Menschen sowohl zur übrigen biologischen Welt als auch zu den Gemeinschaften, die er bildet und in denen er leben muß. So haben die moderne Kulturanthropologie und die moderne biologische Lehre in großen Zügen den Konflikt zwischen der christlichen Auffassung der Person und den Menschenbildern des 19. Jahrhunderts gelöst, die sich aus dem sehr beschränkten Verständnis entwickelt haben, die dieses Jahrhundert vom Menschen in seiner räumlichen und zeitlichen Ausdehnung hatte: Millionen von Jahren zurück in die Zeit, über den ganzen Erdball verstreut und auf sehr verschiedenen technischen und sozialen Stufen lebend.

Die moderne anthropologische Lehre bietet einen wissenschaftlichen Hintergrund für die Bejahung des Menschen als Teil der lebendigen Welt der Geschöpfe Gottes, für unsere Geschöpflichkeit und für die Kontinuität der gesamten Schöpfung. Sie bietet eine wissenschaftliche Grundlage für das Verständnis, das der Mensch, trotz aller Unterschiede zwischen verschiedenen örtlich gebundenen Rassen und physisch bestimmbaren Gruppen, von sich als einer Art hat, und für die Relevanz einer geistlichen Botschaft für alle Menschen, unabhängig von ihrer geschichtlichen und räumlichen Beziehung zur hebräischen, griechisch-römischen oder euro-amerikanischen Tradition. Und sie unterstützt die Auffassung, daß der gesamte gesellschaftlich-kulturelle Rahmen des menschlichen Lebens – Formen der Familie, Organisation der Gemeinschaft und Mittel der Erhaltung des Lebens, der Fortbewegung und der Kommunikation inbegriffen – historisch von spezifischen kulturellen Bedingungen abhängt. So kann der Mensch, durch die Zivilisationen, die er schafft, Fortschritte oder Rückschritte machen und sogar die Existenz seiner eigenen Art bedrohen.

In dieser umfassenderen Sicht der Menschheit fallen viele Schranken in der ökumenischen Bewegung. Große Zivilisationen, die außerhalb der spezifischen Tradition entstanden sind, in der die jüdische und christliche Kultur einander folgten, brauchen nicht mit Barbarentum gleichgesetzt zu werden. Die jeweilige Bereitschaft der Glieder verschiedener Rassen und Gesellschaften, die ganze Last des Amtes auf sich zu nehmen, braucht nicht der Rasse zugeschrieben zu werden oder einer bestimmten Vorstellung von »höheren« und »niederen« Kulturstufen, die den Gedanken an eine natürliche Überlegenheit oder Unterlegenheit bestimmter Gruppen von Menschen anderen gegenüber nahelegt. Wandlungen jeder Art können als natürlicher Bestandteil des Geschichtsverlaufes erkannt und akzeptiert werden, durch den die Menschen zu dem geworden sind, was sie sind, und ohne den die menschliche Gesellschaft nicht blühen, sondern stagnieren würde. Bestimmte Epochen der Vergangenheit brauchen nicht länger künstlich zu Epochen der Tugend, der Stabilität und der Harmonie mit dem göttlichen Willen verklärt zu werden. Das geschriebene Wort kann als *eine* geschichtlich entwickelte Form aufgezeichneter Eingebung verstanden werden. Und kein Mittel der Kommunikation – schriftliche oder mündliche Mitteilung, dramatische liturgische Formen, Radio, Fernsehen oder Nachrichtensatelliten – braucht als mehr von Gott inspiziert oder gesegnet betrachtet zu werden als andere. Es braucht kein Gegensatz zu bestehen zwischen einfachen und »natürlichen« Lebensweisen – den Boden beackern, Weingärten pflanzen oder eine Herde hüten – und der Herstellung von Waren durch Maschinen, zwischen Zu-Fuß-Gehen und Reisen im Zug, Wagen oder Düsenflugzeug, zwischen der mühsamen Herstellung einer Konkordanz der Heiligen Schrift mit der Hand und dem Gebrauch einer Rechenmaschine. Die Verwerfung der Maschine kann als die Reaktion des Menschen zu einer bestimmten Zeit und an einem bestimmten Ort angesehen werden, als zum erstenmal und mit großer Schwierigkeit Maschinen in das gesellschaftlich-kulturelle Leben der Gemeinschaft eingefügt wurden. Sie kann als eine Reaktion auf den gesellschaftlich-kulturellen Zerfall angesehen werden und nicht als Folge irgendeines natürlich gegebenen Gegensatzes zwischen dem religiös gesegneten Leben und weltlichen oder satanischen Formen des Lebens.

In der früheren anthropologischen Forschung diente die Schilderung konkreter Verhaltensformen, die von den Gliedern bestimmter Kulturen als gut oder als böse angesehen wurden, als Mittel, um den Kontrast zwischen verschiedenen Gesellschaften und Kulturen zu unterstreichen. Denen, die sich mit den Problemen der christlichen Ethik befassen, schien diese Betonung der verschiedenen konkreten Auffassungen von Gut und Böse einen sterilen Relativismus zu fördern und dem Studium des Menschen jegliche wissenschaftliche Basis für die Anerkennung allgemeingültiger Werte zu entziehen. Diese Deutung der anthropologischen Forschungsresultate hat die Verflochtenheit der Kultur nicht voll in Betracht gezogen, ein Versäumnis, dessen auch einige Anthropologen schuldig geworden sind. Die Feststellung, daß in einer bestimmten Gesellschaft die älteren Leute ihren eigenen Tod wählen konnten, um nicht die Erhaltung des Lebens ihrer Enkelkinder zu gefährden, und daß ihre Kinder dazu verpflichtet waren, ihnen in dieser Absicht beizustehen, oder die Behauptung, daß in einer bestimmten Gesellschaft die Ehe mit einem Vetter ersten Grades oder in besonderen Fällen mit einem Geschwisterteil vorgeschrieben war, schien für einige der Hinweis dafür zu sein, daß es keinerlei wissenschaftliche Basis für allgemeingültige ethische Beschränkungen – oder sogar für gesetzliche Beschränkungen – von Mord und Blutschande gibt.

In der heutigen Anthropologie wird das allgemeine Vorhandensein eines moralischen Sinnes als einer dem Menschen innewohnenden Fähigkeit betont, und die Anthropologen sind sich mit den Biologen einig, die die Rolle erkannt haben, die in der menschlichen Evolution die Fähigkeit spielt, von älteren vertrauenswürdigen Menschen einen Verhaltensmaßstab anzunehmen. So bietet die natürliche, wissenschaftlich erforschte Ordnung, so wie sie heute verstanden wird, keine Grundlage für den sterilen Relativismus, der noch vor kurzem als ein wissenschaftlich begründeter Standpunkt angesehen wurde (und vereinzelt noch angesehen wird) und der im Gegensatz zum Standpunkt der christlichen Ethik steht.

Die Erforschung der Formen, die die menschliche Vorstellungskraft jenseits der Religion annimmt – sogar in den einfachsten primitiven Gesellschaften, die von jeglichem Kontakt mit der Kultur unberührt sind –, läßt vermuten, daß im Menschen, und nur im Menschen allein, eine biologische Grundlage für die Fähigkeit vorhanden ist, sich in Beziehung zum Universum zu setzen – was man das Verwunderungsvermögen oder den kosmologischen oder kosmischen Sinn genannt hat. Damit würde man zugleich die Möglichkeit anerkennen, daß die biologische Evolution nicht nur die Erweiterung, den Ausbau und die Spezialisierung der biologischen Fähigkeiten in sich schließt, die bei prä-hominiden Arten zu finden sind, sondern daß es spezifisch menschliche, biologische Bedürfnisse gibt, die ein fester Bestandteil der Suche des Menschen nach Gott sind. Das Bedürfnis, das mit den Sinnen erfaßte Universum für jeden einzelnen sinnvoll und zusammenhängend zu machen, das Universum zu begreifen und in gewissem Maße neu zu erschaffen, kann mit einem Bedürfnis verglichen werden, das so biologisch ist wie das Bedürfnis nach Sauerstoff, Wasser, Nahrung und Ruhe – ein Bedürfnis, das in keinem menschlichen Wesen ohne Folgen verleugnet werden kann.

Der transzendente Charakter der christlichen Kultur

Durch vergleichende anthropologische Untersuchungen von Kulturen in verschiedenen Teilen der Welt, auf verschiedenen Stufen technischer Entwicklung – hochentwickelten und primitiven – ist man zu der Erkenntnis gekommen, daß kein Kulturelement an Gene gebunden ist. Jeder einzelne ist vom Lernen abhängig, um ein vollständiges menschliches Wesen zu werden – eine Person, die eine Sprache spricht, die gleich ihren Mitmenschen eine Anschauung von anderen menschlichen Wesen hat, die Fertigkeiten zur Erhaltung des Lebens erworben hat und sich und alle Menschen in Beziehung zum Universum setzt. Wenn man das einmal erkannt hat, dann wird offenbar, daß kein Aspekt irgendeiner Kultur für das christliche Ideal des Menschen in Gemeinschaft mit seinen Mitmenschen irrelevant ist. Jeder Aspekt ist entscheidend – die Beziehung des Menschen zu Werkzeugen und Maschinen, die Entwicklung politischer Organisationen, innerhalb derer die Menschen, sei es auch mit großen Schwierigkeiten, in Frieden miteinander leben, die Entwicklung von Kommunikationsmitteln, die es Gleichgesinnten ermöglichen, ihre Schau Gottes in einer Welt, die in zunehmendem Wandel begriffen ist, miteinander zu teilen. Und in dem Maße, in dem die Menschen berufen sind, in Übereinstimmung mit der paulinischen Definition zu leben »wir sind untereinander Glieder« (Eph. 4, 25), kann keine Gesamtkonzeption der *ecclesia militans* es sich leisten, diese Ergebnisse zu ignorieren.

Wie alle Menschen ist der Mensch, der sich der christlichen Lebensweise hingibt, in einer bestimmten Gesellschaft erzogen worden. Wie alle Menschen ist er im Laufe seiner Erziehung zu einem menschlichen Wesen geworden, das fähig ist zu verstehen, was es hört und sieht, und sein Leben mit anderen Menschen zu führen. Aber in dem Maße, in dem die Kultur, in der er erzogen worden ist, gewisse Mängel aufweist – nur fähig ist, einige wenige zu einer Gliedschaft zusammenzufügen; die nötige Autorität, um Frieden und Ordnung aufrechtzuerhalten, nur in schwachem Maße besitzt; in ungenügendem Umfange Nahrungsmittel und Waren produziert und der Mittel und Wege entbehrt, sie gerecht unter ihre Glieder zu verteilen; ungeschickt ist im Umgang mit der Wahrnehmung, die das heranwachsende Kind von der Welt hat, oder die Brüderlichkeit der Menschen in unvollkommener Weise zum Ausdruck bringt – in dem Maße ist seine Fähigkeit, ein christliches Leben zu führen, beeinträchtigt. Wie verschieden die Anforderungen auch sein mögen – von der Fähigkeit, in Fragen der sittlichen Entscheidung Wegweisung anzunehmen, der Fähigkeit, in geschlechtlichen Beziehungen eine Verantwortung zu sehen, der Fähigkeit zu lesen, der Fähigkeit, fremde Sprachen zu lernen (eine oft nicht anerkannte Forderung, die Kirchen an neu Konvertierte stellen), der Fähigkeit, Haushalterschaft zu akzeptieren, bis hin zur Fähigkeit, den christlichen ethischen Begriff einer persönlichen Beziehung zu Gott in allen seinen Feinheiten zu erfassen – die Anforderungen selbst, die Vorstellung, die der einzelne davon hat, und seine Fähigkeit, ihnen gerecht zu werden, hängen von der Kultur ab, in der er erzogen worden ist oder die er als ein Lernender angenommen und deren Glied zu sein er voll und ganz akzeptiert hat.

Die Geschichte der Christenheit ist die Geschichte einer ständigen Neuinterpretation des Alten und des Neuen Testamentes in der Sprache bestimmter Kulturen und Epochen. Immer und immer wieder sind die Offenbarungen der Heiligen Schrift durch die Sprache und die Bilder, die Einzelaspekte der jeweiligen sozialen Situation, die jeweiligen Formen der Familie, der Gemeinschaft und der nationalen, gesellschaftlichen Organisation in ein neues Gewand gehüllt und umgeformt worden. Das Verständnis des christlichen Glaubens hat ein sehr verschiedenes Schicksal gehabt, je nach dem kulturellen Zusammenhang, in dem es verankert war. In Kulturen mit streng patriarchalischen oder monarchischen Institutionen sind ganz andere Aspekte des Glaubens betont und entwickelt worden als in Kulturen mit bilateralen Systemen der Familienorganisation oder mehr demokratischen und auf Gleichheit bedachten Institutionen.

Früher hat diese Vielfalt der Formen in angemessener Weise dazu gedient, den universalen Charakter der christlichen Botschaft zu unterstreichen. Sie hat gezeigt, daß eine Botschaft von einem Gott aller Menschen, die sich an alle Menschen richtet, jede Schranke der Kultur oder der Gesellschaft, jede sprachliche Schranke überwinden und jeder Grenze trotzen kann und daß sie in der Dichtung und den künstlerischen Formen jeder beliebigen Gruppe von Menschen Gestalt annehmen kann. Die Kulturen waren verschiedenartig, aber die christliche Kultur konnte eine universale Kultur werden. Die Verkündigung des Evangeliums auf japanisch und bantu, auf hawaiisch und gälisch, auf italienisch und suaheli war an sich schon eine Anerkennung seines universalen Charakters.

In der Geschichte jedoch ist diese Betonung des transzendenten Charakters der christlichen Kultur auf verschiedene Weise kompromittiert worden. Man hat zum Beispiel stillschweigend angenommen, daß die hebräische, griechische und lateinische Sprache (und später englisch, deutsch und französisch) mit ihren jeweiligen Bildern dem göttlichen Heilsplan in gewisser Weise näherstehen als die Sprachen und Bilder der Völker, die nicht direkt oder indirekt Nachkommen der Verfasser des Alten und Neuen Testamentes sind. Und daraus wurde gefolgert, daß die Menschen anderer Kulturen die christliche Botschaft nur verstehen können, wenn ihre elementare Bildersprache geändert wird. Die Forderung nach einer solchen Änderung hat viele Formen angenommen – manchmal ist sie ausdrücklich geäußert worden und manchmal indirekt in einer Reihe von Regeln und Erwartungen. So wird manchmal gefordert, daß Konvertierte die Sprache der theologischen Seminare lernen und die Sprachen, in denen die Kommentare geschrieben sind. Oder es kann auch vorkommen, daß man darauf besteht, daß Hosen für Männer und Röcke für Frauen in gewisser Hinsicht »christlicher« sind als Röcke für Männer und Hosen für Frauen, oder daß die Unterscheidung der Geschlechter in der Kleidung wesentlich ist für das christliche Leben oder daß eine bestimmte Zahl von Mahlzeiten pro Tag – so wie Nahrung zur Erhaltung des Lebens – zum göttlichen Heilsplan gehört.

Der anthropologischen Betrachtungsweise legt sich hier eine doppelte Überlegung nahe. Da das menschliche Verhalten immer im Zusammenhang zu sehen ist, kann kein Einzelaspekt der Sprache oder der Kleidung oder der politischen Organisation als zugehörig zu einer Religion betrachtet werden, die ausdrücklich betont, daß ihre Sendung allen Menschen gilt. So würde die anthropologische Analyse das Bemühen unterstützen, das Christentum von denjenigen Kulturelementen in der Sprache des Gottesdienstes, der Gestalt und den Materialien der kirchlichen Bauten und der Form der Kirchenleitung zu befreien, die eine Beschränkung bedeuten.

Doch dieselbe Betrachtungsweise führt die Anthropologie zu der Erkenntnis, daß das Christentum eine geschichtliche Bewegung ist, die ihren festen Ort in Raum und Zeit hat, geschichtlich in eine bestimmte Form gegossen ist, in den Bildern und der Vision einer bestimmten Gruppe von Propheten und Heiligen Gestalt angenommen hat und ihren augenblicklichen Stand als Kultur im Laufe von Jahrhunderten erreicht hat, in denen es vor allem mit den Kulturen Europas und des Nahen Ostens, nicht den Kulturen Asiens oder Südafrikas, Australiens oder Amerikas, in Berührung gekommen ist. Eine Botschaft von der Tiefe und Vielschichtigkeit der christlichen Botschaft kann nur durch das Medium einer bestimmten Sprache, eines bestimmten Gefüges von sozialen Formen, eines bestimmten Gefüges von Bildern von einem Menschen zum anderen und von einer Generation zur anderen weitergegeben werden. Hat man dieses beides einmal erkannt: daß dieses Medium historisch gegeben ist und daß die christliche Botschaft allen Menschen gilt – welche Sprache sie auch sprechen mögen, auf welcher Stufe der technischen Entwicklung sie auch stehen mögen –, dann ist es ebenso wichtig, die Tatsache anzuerkennen, daß ein kultureller Wandel geschieht, wann immer die Botschaft in verschiedenen Kulturen angenommen und weitergegeben wird. Dann wird die der Botschaft durch eine bestimmte Kultur verliehene Menschlichkeit die Grundlage für ein umfassenderes Verständnis der christlichen Kultur in ihrer Gesamtheit, so wie sie von Menschen verschiedener Kulturen bereichert, entwickelt, zurechtgestutzt und geformt worden ist – von Menschen, die alle teilhaben an ihrer großen, jede Kultur transzendierenden Tradition.

Ein anthropologisches Verständnis der Kultur bietet nicht nur die Möglichkeit zu beurteilen, wie die Glieder jeder neuen Generation in einer bestimmten Gesellschaft in das Kulturgefüge ihrer Sprache, ihrer Gemeinschaft und ihrer Nation eingegliedert werden, sondern lehrt auch die systematischen wechselseitigen Beziehungen und gegenseitigen Abhängigkeiten innerhalb größerer kultureller Gebilde zu verstehen, von denen das Christentum eine unter den anderen Weltreligionen ist. So tritt an die Stelle des nutzlosen Bemühens, eine Art historischer Situation zu schaffen, in der alle nicht-christlichen Kulturen gleichgesetzt werden – unabhängig von ihrem Stand der Zivilisation –, die Erkenntnis, daß das Christentum eine Kultur jenseits aller Einzelkulturen ist, in dieser Hinsicht dem Buddhismus oder dem Islam oder dem modernen Kommunismus vergleichbar – die alle drei ein System entwickelt haben, das über die Grenzen aller Einzelkulturen hinausgeht und das Menschen mit verschiedenem kulturellen Hintergrund sich aneignen können. Der spezifische Charakter der christlichen Wahrheit und der christlichen Offenbarung wird durch diese Erkenntnis weder bestätigt noch kompromittiert. Vielmehr wird das Christentum als ein System verstanden, das sich an einigen Punkten mit anderen großen Religionen und Ideologien deckt, das aber in seiner Gesamtgestalt einzigartig ist und die, die sich zum Christentum statt zu irgendeinem anderen weltweiten System bekennen, vor eine eindeutige Entscheidung stellt.

Die anthropologische Betrachtungsweise des Menschen hat zu der Erkenntnis geführt, daß der Mensch in der Kultur, in der er erzogen wird, zum Menschen wird und daß die rein menschlichen Werte einer Kultur nicht über die irgendeiner anderen Kultur erhoben werden sollten. Doch würde sie auch der Auffassung beipflichten, daß die christliche Kirche selbst eine Kultur darstellt, in die der einzelne hineingeboren werden kann, in die er aber auch eintreten (oder aus der er auch austreten) kann – dabei kann in jeder beliebigen geschichtlichen Epoche ein mehr oder weniger systematischer Zusammenhang zwischen den Formen bestehen, in denen das eine oder das andere geschieht.

Von diesem Gesichtspunkt aus gesehen, kommt es dann zu Spannungen innerhalb der Kirche, wenn die christliche Gemeinde einen Wandel in anderen Teilen der Kultur spürt und darauf reagiert – einen Wandel, der in der Technik, in der wissenschaftlichen Erkenntnis, in der politischen Organisation oder in neuen Vorstellungen von den Beziehungen der Menschen untereinander zum Ausdruck kommen kann. Da die christliche Kirche sich fast nie mit der Gesamtheit der Kultur irgendeiner Gesellschaft, in der sie lebt, deckt, entsteht unweigerlich eine Spannung zwischen einem Wandel der Werte in den Teilen der Kultur, die eine andere Triebfeder haben – zum Beispiel technische oder wissenschaftliche Neuerungen, Besteuerung, Gewerkschaftswesen usw. –, und dem Wunsch nach Erhaltung der Werte in der christlichen Tradition. Besonders in der modernen Welt, wo ein zunehmendes Bewußtsein des sozialen Wandels zu einer Verschärfung der ethischen Fragestellung geführt hat, ist diese Spannung größer geworden; zugleich sind die Standpunkte, die die verschiedenen christlichen Kirchen eingenommen haben, weniger klar und deutlich geworden.

Vom anthropologischen Gesichtspunkt aus gesehen, kann die ökumenische Bewegung als ein Mittel und Weg gedeutet werden, diesen historischen Inkonsequenzen und Diskrepanzen zu begegnen, und zwar durch den Versuch, zu einer neuen Gemeinschaft des Verstehens zwischen Kirchen zu kommen, die verschiedene Auffassungen von ihrer Verantwortung im Hinblick auf die Qualität der Beziehungen zwischen weit voneinander getrennten Völkern haben, den zunehmenden Druck der Weltbevölkerung, die dringende Notwendigkeit, neue Methoden zur Lösung von Konflikten zu entwickeln, und im Hinblick auf die Versorgung, den Schutz und die Erziehung derer, die in der weltweiten Gemeinschaft Not leiden.

In der Frühgeschichte der christlichen Kirche diente die Sprache – Latein in Westeuropa und Griechisch in Osteuropa – als ein Mittel der Integration, durch das ein ganzer Teil der christlichen Welt zusammengeführt worden ist. Heute kann auch das gemeinsame Bemühen, die christliche Theologie und Ethik mit den Erkenntnissen der Wissenschaft, dem Anwachsen der Technik, dem wechselnden Ausmaß und der wechselnden Gestalt politischer Einheiten und den neu aufkommenden Gedanken sozialer Verantwortung in Verbindung zu bringen, zu einem Mittel der Einigung werden. Wenn man sich auf der höheren Ebene der christlichen Gemeinschaft, die jenseits des Bereiches der Kultur existiert, diesen Fragen zuwendet, dann werden die Arten von Problemen, die in einigen christlichen Gemeinschaften – in anderen dagegen nicht – entstanden sind (Besorgnis angesichts der allgemeinen Entwicklung oder der Maschinen oder supranationaler Organisationen oder angesichts des Wohlfahrtsstaates), nicht als unüberwindliche Hindernisse, sondern als Steine des Anstoßes angesehen werden, die aus dem Weg geräumt werden können. In dem Maße, in dem wir zu verstehen gelernt haben, welche Bedeutung die soziale Struktur für die Ermöglichung, Verhinderung oder Förderung umfassenderer und empfindlicherer menschlicher Beziehungen hat, sind wir auch zu der Erkenntnis gekommen, daß Änderungen in der Gestaltung der Beziehungen – zum Beispiel Änderungen in den Formen menschlichen Zusammenschlusses, in den Wohnformen, in der Beziehung des Arbeiters zu seiner Arbeit, in der Art und Weise des Zusammentreffens entgegengesetzter Verhaltensweisen, die sich aus nationalen, ethnischen oder Klassenunterschieden ergeben – viel dazu beitragen können, miteinander in Konflikt geratene Gruppen auszusöhnen. Indem wir erkennen, daß jedes beliebige Verhaltensmuster, das in einer menschlichen Kultur institutionalisiert ist, als menschlich genug angesehen werden muß, um in jeder beliebigen Kultur verwirklicht werden zu können, eröffnet uns das vergleichende Studium verschiedener Kulturformen den Zugang zu einer Vielfalt von Versöhnungsweisen und vermittelt uns zugleich die Kenntnis von Möglichkeiten der Zerstörung, vor denen wir auf der Hut sein müssen. Im größeren Zusammenhang wird deutlich, daß viele Kontroversen über die Rolle der Christen bei der Bestimmung der Gemeinschaftsform, die die Gesellschaft im weiteren Sinne wählen und beibehalten sollte, geschlichtet werden können. Unterschiede zwischen Menschen, die im wesentlichen Folgen der Sozialgeschichte sind – Unterschiede, die auf Herkunft, Rang, Kaste, Klasse oder Rasse begründet sind –, werden dann als irrelevant für das christliche Menschenbild erkannt. (Für das christliche Glied einer westlichen Gesellschaft liegt diese Schlußfolgerung angesichts des Kastenwesens in der Hindu-Gesellschaft auf der Hand.) Ebenso wird erkannt, daß jeder Ausschließlichkeitsanspruch einer Gemeinschaft auf Grund solcher historischer Unterschiede mit dem christlichen Verständnis der Beziehung der Menschen untereinander unvereinbar ist. Es gibt keine Grundlage – mit Ausnahme der historischen Grundlage, so wie sie sich in örtlichen Kulturen darstellt – für eine Trennung beim Gottesdienst, für den Ausschluß vom Amt, für Heiratsverbote oder für die Verweigerung irgendeiner Form der sozialen, politischen und wirtschaftlichen Gleichberechtigung aufgrund der Zugehörigkeit zu einer physisch bestimmten Gruppe.

Die anthropologische Forschung kann die Überzeugung nicht unterstützen, daß irgendeine bestimmte Form der Arbeitsteilung, irgendeine bestimmte Norm für die Festsetzung des sozialen Status aufgrund von Alter, Geschlecht oder Rasse, irgendeine unaufgebbare Bindung an Grund und Boden Verkörperungen der göttlichen Gesetze sind. Gewiß, alle derartigen Praktiken haben sich im Laufe der Zeit gewandelt und wechseln von einer Kultur zur anderen; man hat sie alle in ihren verschiedenen Formen als mit den christlichen Prinzipien vereinbar angesehen. Vorstellungen über den Gebrauch des Geldes, Wucher oder Zinsen, gerechte Bezahlung und Kredit – Vorstellungen, die alle von Zeit zu Zeit mit den Verboten und Mahnungen christlicher Gemeinschaften verquickt waren – sind ebenfalls Resultate der Sozialgeschichte; sie sind dem Wandel unterworfen und der Überprüfung bedürftig, ob sie es dem Menschen ermöglichen, wirklich Gott näher zu kommen.

Die Weigerung, sich der Möglichkeit der modernen Welt zu bedienen – die Weigerung, die Technik zu benutzen, eine Kirche mit Lautsprechern zu versehen, eine Hornhautverpflanzung, die das Augenlicht rettet, oder eine Bluttransfusion, durch die das Leben gerettet werden kann, zuzulassen, die Weigerung, mit dem Flugzeug zu reisen oder neuartige Stoffe für liturgische Gewänder zu verwenden –, alle diese Dinge, wenn sie auch nur ein Stein des Anstoßes sind, beeinträchtigen die Fähigkeit der christlichen Kirche, eine Institution zu sein, die für ihre Zeit verbindlich und nicht an irgendeine Kultur gebunden ist.

Keine einzelne Institution ist also christlicher als andere. Für die, die mit den Problemen der christlichen Gemeinschaft und der Übereinstimmung der Institutionen innerhalb der christlichen Kultur zu tun haben, ist es notwendig, die Diskussion auf eine höhere Ebene zu bringen. So können wir zu Recht fragen: Welche Arten von Institutionen, die in ihrer Organisationsform aufeinander abgestimmt sind – internationale und nationale Institutionen, Institutionen, die mit der Arbeit, mit den offiziellen und inoffiziellen Beziehungen der Menschen untereinander und dem Familienleben zu tun haben –, sind in einer bestimmten Zeit und an einem bestimmten Ort – im Rahmen des Sittlichen und im Bereich des Möglichen – am besten für das Leben der Menschen miteinander geeignet und so beschaffen, daß die Menschen menschlicher werden können und besser in der Lage sind, zu Gott in Beziehung zu treten?

Neue Bereiche der Integration

Nach Ansicht mancher Theologen ist das technisch-funktionelle Menschenbild dem persönlich-kulturellen entgegengesetzt. Doch man versteht es besser, wenn man es als eine Antwort auf neue Organisationen in einer Gesellschaft ansieht, die sich zu einer Weltgesellschaft zu entwickeln beginnt, mit höheren Bevölkerungsziffern, größeren Organisationseinheiten, einer größeren Vertauschbarkeit der Rollen, einem höheren Grad an horizontaler und vertikaler Beweglichkeit und weit umfassenderen Verkehrs- und Verbindungssystemen. Die enge Beziehung zwischen Eltern und Kindern, Lehrern und Kindern und der Kirche, die noch in jüngster Vergangenheit eine fast vollständige Integration des Gelehrten, des Gelernten und des Erfahrenen ermöglichte, ist durch Beziehungen weit größerer Vielfalt und Spannweite verändert worden. Es werden Ehen zwischen Menschen geschlossen, die sich in Fragen der Kultur und des Glaubens wesentlich voneinander unterscheiden. In den Schulen unterrichten Lehrer, die in ihrer Herkunft und in ihrer Lebensweise äußerst verschiedenartig sind. Die Beziehung der Kinder zur Kirche ist nur eine von den zahlreichen Beziehungen zu Quellen der Autorität und Führung.

Fast überall in der heutigen sich wandelnden Welt wird nach neuen Formen der Integration der verschiedenen Aspekte des Lebens gesucht. In einigen der sozial mobilsten Teilen der Welt, wie in den Vereinigten Staaten von Amerika, ist es die Kirche, die neue Bereiche der Integration eröffnen kann, da alle Familienmitglieder dem weiteren sozialen Milieu der Kirche angehören können. Zugleich gibt die neu erkannte Verpflichtung der Kirche, eine aktive Rolle in der Überwindung von Klassen-, Rassen- und ethnischen Schranken zu spielen, der Forderung an die Kirche ein besonderes Gewicht, aufnahmebereit und allumfassend zu sein und nicht diese Sendung an die weitere Welt im Interesse einer engeren Gleichgesinntheit zu opfern, die oberflächlich gesehen geistlich erquicklicher ist. Und diese beiden Funktionen der modernen Kirche – ein Hort für Gleichgesinnte zu sein und den Fremdling in den Toren der Gemeinschaft aufzunehmen und zu trösten und zu erquicken – müssen überall da ausgeübt werden, wo Menschen vom primitiven Leben zum bäuerlichen Leben, vom bäuerlichen Leben zum Stadtleben, von einem Gebiet eines Landes in ein anderes und von einer Nation in eine andere überwechseln, manchmal aus freiem Willen, als Einwanderer, und manchmal unter Druck, als Flüchtlinge.

Einige der nötigen Änderungen werden leichter durchführbar sein, wenn eine tiefere und weitere Sicht der Zeit an die Stelle einer engen Konzentration auf die Gegenwart tritt, das heißt, daß wir unseren Blick für das, was möglich ist, weiten können, so daß wir die Frage der Offenheit und der Ausschließlichkeit (der Umfang der Gemeinschaft, die erstrebt werden soll, die Tiefe der Einwirkungskraft, die die religiöse Gemeinschaft innerhalb der größeren Gemeinschaft auf das Kind haben sollte) im weitesten Rahmen sehen und das Wachsen des Christentums in den Zusammenhang des Wachsens aller Religionen stellen können.

Es ist nötig zu wissen, daß es durch die ganze menschliche Geschichte hindurch Epochen und Gelegenheiten gegeben hat, sogar in sehr primitiven Gesellschaften, wo eine plötzliche und intensive Betonung der Inspiration zu dem Versuch geführt hat, eine Gemeinschaft zu bilden, in der das Religiöse eine alles beherrschende Macht ist. In einer derartigen Gemeinschaft ist jede Einzelheit des Lebens einer besonderen religiösen Regel unterworfen. Einige dieser Versuche sind im Laufe der Zeit verkümmert, haben sich zersplittert und sind eingegangen, andere haben sich verstreut und sind wieder vom breiteren Strom des Lebens aufgenommen worden, und wiederum andere sind die Grundlage für das geworden, was man eine Kirche nennen kann, die innerhalb und als Teil einer großen Gemeinschaft existiert.

Ein solches Verständnis des religiösen Lebens als alles beherrschender Macht findet man besonders in Zeiten des Wandels und des Übergangs. Es ist unter diesen Umständen – mag es die Form der Zurückgezogenheit des einzelnen in die Isolierung, wie im Falle des Einsiedlers, oder die Form einer asketischen Gemeinschaft oder die Form der wirtschaftlich sich selbst genügenden Kultgemeinschaft annehmen – ein Ausdruck der erneuerten Inspiration und des Ringens um eine ganzheitlichere Schau des Universums und als solcher fast immer voraussagbar. Es besteht natürlich ein Größenunterschied zwischen den kleinen Kultgemeinschaften, die zu Tausenden unter primitiven Völkern in den Teilen der Welt entstehen, die erst vor kürzerer Zeit erschlossen worden sind, und den religiösen Orden, die in Zeiten der sozialen Auflösung oder sogar des Chaos gegründet worden sind, den quietistischen Kultgemeinschaften, die sich zur Zeit der Reformation gebildet haben, den schwärmerischen Gemeinschaften, die in Reaktion auf die Ideen der Aufklärung entstanden sind, und den Formen politischer Integration, die wir als »totalitär« bezeichnet haben. Aber in mancher Hinsicht sind sie alle ähnlicher Art. Jeder Aspekt des Lebens kann vorübergehend als alles bestimmender Wert verstanden werden, der Vorrang haben sollte gegenüber allen anderen Gesichtspunkten im Leben und von dem her das ganze Leben gestaltet werden sollte.

Aber aufschlußreicherweise haben in der langen Geschichte der Menschheit diejenigen religiösen und politischen Philosophien überlebt, die in tausend verschiedenen Zusammenhängen Inspiration und Führung bieten konnten – die bedeutungsvoll waren für Reiche und Arme, Besitzende und Besitzlose und Enterbte, Grundbesitzer und solche, die kein Land besitzen, Gesunde und Kranke, Intelligente und Einfältige, Intellektuelle und Handwerker.

Es ist verständlich, daß es in der heutigen Welt innerhalb der christlichen Kirche Bewegungen in diesen beiden Richtungen geben sollte. Es ist verständlich, daß es eine Bewegung des Rückzugs aus der Welt in eine Lebensweise geben sollte, in der Essen und Trinken bis in alle Einzelheiten hinein, Arbeit und Gottesdienst bis in alle Einzelheiten hinein, Kameradschaft und Einsamkeit bis in alle Einzelheiten hinein, jeder Gedanke, der einem in den Sinn zu kommen erlaubt ist, genauestens von einer besonderen Sicht einer engen, exklusiven und alles beanspruchenden Beziehung zu Gott her geregelt sind. Es ist ebenso verständlich, daß es in Ergänzung dazu eine Bewegung geben sollte, die um eine größere Weite der christlichen Lehre ringt und so das Christentum vor der Möglichkeit bewahrt, die Religion einer Rasse, eines Teiles der Welt, eines politischen oder wirtschaftlichen Systems zu werden, und die die Gewißheit stärkt, daß die Kirche bei der zunehmenden Vielfalt der Kontakte zwischen allen Gesellschaften – die durch den wissenschaftlichen und technischen Kulturbereich möglich geworden sind – in der Lage sein wird, zu allen zu sprechen.

Die Erkenntnis, daß ein vollkommener Rückzug der Gläubigen aus der Welt auf der einen Seite und eine weitgehende Teilhabe am intellektuellen Erbe der modernen Welt auf der anderen Seite beides Reaktionen sind auf das Bewußtsein eines Wandels in der Welt und auf die Tatsache, daß beide eine lange Geschichte haben – manchmal produktiv, manchmal lähmend –, diese Erkenntnis kann als Antwort auf den Wandel viel dazu beitragen, eine unnötige Spaltung zu verhindern. Denn wie verschieden sie auch sein mögen, es sind Reaktionen auf den Wandel, die in Zusammenhang miteinander stehen. Die Behauptung zum Beispiel ist völlig unbegründet, daß diejenigen, die den Rückzug ins religiöse Leben oder in eine rein religiöse Gemeinschaft befürworten, unweigerlich Verfechter von Konservativismus und Obskurantismus sind und daß nur diejenigen, die für eine unbegrenzte Teilhabe der Christen an der heutigen Welt eintreten, als moderne, zeitnahe, in die Zukunft gerichtete und intellektuell und wissenschaftlich aufgeklärte Menschen anzusehen sind.

Es sollte erkannt werden, daß diese spezifische Trennung zwischen Erhaltung und Erneuerung, als ein Ganzes gesehen, nur einen der vielen Spannungspunkte zwischen religiöser Konzentration und religiöser Ausbreitung darstellt. Viele andere Kombinationen sind möglich. Sekten mit totalem Herrschaftsanspruch können sehr wohl die moderne Technik umfassen. Religiöse Orden können konzentrierte Arbeit im Bereich der biologischen Forschung tun. Die, die weltliche Sorgen und Belange hinter sich gelassen haben, können sehr wohl Bestes leisten bei der Wiederherstellung Körperbehinderter durch die modernsten Hilfsmittel.

Der Ökumenische Rat der Kirchen kann auf die größtmögliche Skala christlicher Formen zurückgreifen; unter seinen Gliedkirchen gibt es neue Kultgemeinschaften, alte weise Kirchen und kraftvolle, zu neuem Leben erweckte ältere religiöse Gemeinschaften. Eine der Funktionen des Ökumenischen Rates könnte darin bestehen, zu verhindern, daß es zu einzelnen Spaltungen in der Frage des Auftrages der christlichen Kirche an die Welt kommt, und den Beitrag, den diejenigen leisten können, die sich zu Arbeit oder Gebet zurückziehen, mit dem Beitrag derer gleichzusetzen, die ihre Arbeit in der Welt tun – können doch diese beiden Gruppen im weiteren Sinne das Gewissen der christlichen Welt werden.

In der Mitte der Zeit

Der Beitrag der Anthropologie besteht im wesentlichen darin, daß sie eine umfassendere zeitliche Perspektive eröffnet und einen größeren Zusammenhang bietet für die Betrachtung der Frage nach dem Christen als einer Person in der Gemeinschaft. Indem sie den Menschen in die lange Geschichte seiner Evolution hineinstellt, kann die anthropologische Forschung dazu beitragen, das beschränkte und beschränkende Bild des Menschen zu korrigieren – des Menschen als des Benutzers einfacher landwirtschaftlicher Geräte, der, als der maschinelle Webstuhl und die Dampfmaschine erfunden worden waren, zur Weltlichkeit verleitet und von der göttlich verordneten Arbeit entfernt wurde; als des einfachen Bibellesers, dessen Frömmigkeit durch Radio und Fernsehen verdorben wurde; als des Gliedes der kleinen hierarchischen Gemeinschaft, in der jeder einzelne einen erblichen Platz hatte, dessen Sinn für gerechte Ordnung verdorben wurde und verloren ging als Folge der Landflucht und Verstädterung; als des einfachen Sternguckers, der im gestirnten Firmament Gottes Vollkommenheit sah und der in Zweifel und Unglauben getrieben wurde durch den neuen Einblick in das Universum, den das Teleskop ermöglicht hat; als des Gläubigen, der Enthaltsamkeitsgebote und Essensvorschriften und die Entsagung kleiner Vergnügen mit dem Willen Gottes identifizierte und der durch eine weitherzige Auffassung menschlicher Sittlichkeit verdorben wurde. Die Anthropologie kann uns helfen, statt dessen zu erkennen, daß das alles vorübergehende Ausdrucksformen einer tieferen menschlichen Moral waren (und noch sind), die, um wirklich sinnvoll zu sein, dem Universalen zustreben muß.

Dieser Sinn für Perspektive beleuchtet und revidiert die Bilder des historischen Menschen, so daß es möglich wird, das gewaltige Ringen des Menschen in der Morgendämmerung seiner Menschlichkeit richtig zu beurteilen: das Ringen, um die Welt zu einem Ort zu machen, wo kommende Generationen von Menschen und ihre Kinder sicherer und erfüllter, weiser und sinnvoller leben können. Dadurch wiederum wird es möglich zu erkennen, daß die heutige Welt mit ihrer ungeheuren Bevölkerung, die in allen ihren Teilen miteinander in Verbindung steht, ihrer aufblühenden Technik und ihrem neu geweckten Bewußtsein und Gewissen nicht das böse, korrupte Ende einer historischen Epoche ist, sondern vielmehr ein Stadium auf einer langen, langen Reise darstellt, einer weit längeren Reise, als die meisten Christen sich je vorgestellt haben.

Jede Etappe – jeder Schritt – auf dieser Reise ist nicht nur durch die technische Beherrschung dieses oder jenes Aspektes der Umwelt gekennzeichnet, die der Mensch durch Veränderung geprägt hat (der wirkliche Sinn des Begriffes »Arbeit« denn Tiere ändern nicht ihre Umwelt, sie leben nur in ihr), jede Etappe zeichnet sich auch durch eine Weitung der menschlichen Horizonte aus, die mit der technischen Veränderung Hand in Hand geht. In dieser Sicht hört die Landwirtschaft (eine sehr späte menschliche Erfindung) auf, der aus dem Garten Eden hervorgegangene Prototyp des Lebens zu sein. Demgegenüber haben wir es mit einem menschlichen Geschöpf zu tun, das schwach und anderen Kreaturen gegenüber fast wehrlos ist, das nur mit der Fähigkeit ausgerüstet ist, Gut und Böse zu erkennen und seine Umwelt zu gestalten – Werkzeuge und Waffen, Obdach und Kleidung, Institutionen und Gesetze zu erfinden – als seiner Hauptwaffe im Kampf um die Erhaltung des Lebens. Wenn wir die Tausende von Jahren vor der Erfindung des Gartenbaus (das einfachste Säen und Ernten und das Bewahren der Samen für die nächste Saatzeit) und der Viehhütung (das einfachste Zusammentreiben von Tieren und Hüten ihrer Jungen) mit einbeziehen, dann ändert sich unsere gesamte Sicht der jüngeren Geschichte. Dann wird es leichter, das Entstehen von Städten und städtischen Ansiedlungen – als die angebauten und gespeicherten Nahrungsmittel ausreichten, um große Menschenmengen zu ernähren – und die Anfänge von Handel und Verkehr – als die Menschen sich über Land und an den Flüssen entlang und sogar, außer Sichtweite des Landes, auf die See wagten – einzuordnen. Und damit wird es auch leichter, unser Leben heute als Teil der langen Geschichte des Menschen zu verstehen, als ein Leben, das neue Schwierigkeiten mit sich bringt, doch Schwierigkeiten, die nicht weniger verstanden und überwunden werden können als die, die die Folge früherer Erfindungen waren.

In diesem größeren Zusammenhang wird deutlich, daß es genauso menschlich ist, eine Rechenmaschine zu erfinden und zu gebrauchen, wie ein Rechenbrett zu erfinden und zu gebrauchen und ebenso menschlich, eine elektrische Uhr zu erfinden und zu gebrauchen, wie eine Sonnenuhr zu erfinden und die Bewegung des Schattens auf ihr zu verfolgen. Diese Erschließung der Vergangenheit erlaubt uns auch, einer Zukunft entgegenzusehen, die so weit von der Gegenwart entfernt ist, wie wir heute von der Zeit entfernt sind, wo die Menschen als einziges Werkzeug eine angeschlagene Steinaxt hatten.

Doch diese Errungenschaft – diese Fähigkeit, uns selbst in die Mitte der Zeit zu stellen – hängt auch von der Bereitschaft ab, unser Bild vom Menschen, dem Ebenbild Gottes, zu revidieren, den Menschen auch als ein aus der Zeit hervorgehendes, wachsendes und sich wandelndes Wesen zu verstehen. Sie beinhaltet auch dies: daß wir Christus in allen Menschen sehen, daß wir erkennen, daß gerade in der Vielfalt menschlicher Kultur das Universale unserer Menschlichkeit gefunden werden kann. Und diese Errungenschaft erhält ihren vollen Sinn erst dann, wenn wir erkennen, daß der Mensch, der immer und immer wieder gegen den Verlust seiner Unschuld kämpft und der heute von Mächten besessen ist, die fast so furchtbar sind wie die, denen Christus in der Wüste widerstanden hat, eine umfassendere und verbindlichere – und keine geringere – geistige Sicht braucht als vor zweitausend Jahren, als die Menschen als Hirtenvölker lebten, Weingärten pflanzten und Trauben ernteten.

Der Glaube des 20. Jahrhunderts braucht die Technologie

Wie können menschliche Wesen in der Welt der Gegenwart ihr volles Personsein in der Beziehung zu Gott und ihren Mitmenschen erreichen? Wir wissen, was damit zusammenhängt: das, was dem Kind in der Familie, und das, was der Familie in der Nachbarschaft begegnet, was Menschen begegnet, die einander unmittelbar gegenüberstehen. Doch jetzt ist eine neue Dimension hinzugekommen.

Sie ist natürlich nicht völlig neu, sondern in den christlichen Jahrhunderten herangewachsen, zusammen mit der Bedeutung, die wir dem Gebot »Liebe deinen Nächsten wie dich selbst« beigelegt haben. Lange Zeit hindurch kannten die Leute nur ein paar Nachbarn und hatten keine Vorstellung von der Zahl der Menschen auf der Erde. Erst in den letzten fünfundzwanzig Jahren ist uns klar geworden, wer unsere Nächsten sind, wo sie leben und wie viele sie sind (doch ihre genaue Zahl ist uns immer noch nicht bekannt).

Im wesentlichen ist unser Planet erforscht. Wir wissen, daß es nur eine menschliche Gattung gibt, was unser christliches Verständnis für den Begriff des Nächsten noch stärkt. Wir wissen auch, daß zum erstenmal in der menschlichen Geschichte die über die Kontinente verteilten Angehörigen der Menschenrasse in Verbindung miteinander stehen. Zum erstenmal in der menschlichen Geschichte ist das Schicksal einer Gruppe unser aller Schicksal. Alle Jahrhunderte hindurch, während der ganzen christlichen Ära, hätte die Vernichtung sämtlicher Einwohner eines Kontinents den Bestand der menschlichen Art nicht gefährdet; die Amerikaner waren von Europa wie von Asien abgeschnitten. Wenn uns auch schreckliche Kriegszüge und der Schwarze Tod bedrohten, blieb doch die menschliche Rasse als ganze ungefährdet. Heute aber ist die gesamte Menschheit, sind alle Kinder Gottes auf eine gefährliche Weise unter menschliche Verantwortung und Fürsorge gestellt. In Amerika und Europa sieht sich der Mensch einer Lage gegenüber, die er zwar geistig schon vorweggenommen hat, die er aber erst jetzt in nüchternen Tatsachen erlebt: Er ist der Hüter aller Völker dieser Erde. Keine Störung irgendwo, keine Hungersnot in einem Teil der Erde bleibt uns unbekannt und unserer Verantwortung entzogen.

Das bedeutet aber, daß wir neue Formen der Gemeinsamkeit brauchen, damit unsere Kinder lernen und wir als Erwachsene neu lernen, was diese Gemeinschaft ist. Mit gesteigertem christlichem Bewußtsein des Ziels, das wir in der Welt zu erreichen versuchen, bewirken wir einen Durchbruch. Durch die Zeiten hindurch bedeutete die christliche Botschaft, »Du sollst deinen Nächsten lieben wie dich selbst«, daß Christen ihre Nahrung mit den Hungrigen teilten; sie gaben den Armen, die an ihre Tür kamen, sie verbanden die Wunden der Verletzten aus Kriegen, die sie nicht verhindern konnten, und begruben die Kinder, die sie nicht zu retten wußten.

Gemessen an ihrem Mandat konnten die Christen erschrekkend wenig ausrichten, und Überleben war sehr oft nur dann möglich, wenn man sich vor dem Wissen verschloß, daß jenseits des Meeres oder des Gebirges Menschen verhungerten. Der Wille war vorhanden, der Glaube war da – doch es fehlte an den Mitteln.

Heute haben wir solche Mittel, die technischen und wissenschaftlichen Kenntnisse, um das durchzuführen, was wir immer tun wollten. Die Aufgabe ist die gleiche, aber ungleich größer: Mehr als eine Milliarde Menschen leiden Hunger. Doch wir verfügen über ausreichendes Wissen, so daß weder eine Milliarde Menschen noch ein einziges Kind zu hungern *brauchen.*

Das verschafft uns eine Möglichkeit, die wir noch nie hatten. Diese Möglichkeit muß sich durchsetzen gegen die christliche Reaktion des neunzehnten Jahrhunderts auf die ersten technologischen Anwendungen von Naturwissenschaft auf menschliche Verhältnisse: Die ersten Anwendungen der Technik riefen entsetzliches menschliches Elend hervor. Ich spreche hier allgemein vom neunzehnten Jahrhundert. In den neuen Fabriken, in den neuen Verfahren im Bergbau vollzog sich eine furchtbare Ausbeutung des Menschen, die sich heute noch in vielen Teilen der Erde fortsetzt.

Wer das weiß, sieht vielleicht heute noch in der Technologie den Feind, der dem Menschen seine Menschlichkeit nimmt und ihn zur Maschine herabwürdigt, so daß wir um etwas sehr Wertvolles gebracht werden. Doch die neue Technologie, die durch die wissenschaftlichen Entdeckungen im letzten Viertel eines Zeitraumes von hundert Jahren entstanden ist, ermöglicht uns, die Menschlichkeit zu betonen, statt sie allgemein zu mindern.

Meine Perlenkette bietet ein Beispiel: Perlen haben immer den Luxus versinnbildlicht, Perlen wurden Königinnen und Prinzessinnen um den Hals gelegt und auf Gewänder genäht, wenn die Kirche die Reichtümer der Welt an sich zog. Doch für meine Perlen hat nicht einmal eine Auster ihr Leben lassen müssen, und kein Taucher, kein vom Kolonialismus ausgebeuteter Südseeinsulaner hat sein Leben gewagt, um diese Perlen heraufzuholen. Trotzdem sind sie keine Fälschungen, sondern bestehen aus ähnlichem Material wie die echten: Sie sind künstlich aus vergleichbaren Stoffen angefertigt worden. Diese Perlen können keinen Hungrigen zum Diebstahl verleiten. Mir scheint, daß sich schon an diesem kleinen Beispiel die Veränderung deutlich machen läßt, die sich jetzt in der Welt vollzieht.

Wann immer wir von Technologie, Naturwissenschaft und der Bedeutung des neuen empirischen Wissens für die Menschen sprechen, müssen wir uns an diejenigen erinnern, die zum erstenmal Beleuchtung für ihre Nächte erhielten. Kann man sich vorstellen, wie es sich hunderttausend Jahre lang auf der Erde lebte, als die Menschen mit Einbruch der Dunkelheit zu Bett gehen mußten, wenn nicht gerade der Mond schien?

Heute haben sie Licht, sie können lesen. Sie können sich frei und sicher dort bewegen, wo sie sonst die Türen verrammeln mußten, weil Nacht und Gefahr zu eng verschwistert waren. Wir müssen die Leute verstehen, die uns sagen: Technologie ist gut, Technologie ist herrlich – verschafft uns viel mehr davon! Wir müssen uns vorstellen, wie verwundert und empört solche Menschen sind, wenn sie andere jammern hören, der Geist ihrer Kinder werde durch das Fernsehen dehumanisiert.

Die Leute in aller Welt, die erleben, daß zum erstenmal ihre neugeborenen Kinder nicht zu sterben brauchen und daß Frauen ohne Angst vor dem Tod der Schwangerschaft entgegensehen können, sollte man mit den besorgten Bürgern der westlichen Welt zusammenbringen, die da erklären, heutzutage sei es eine so entsetzliche Verantwortung, Kinder aufzuziehen.

Wenn wir mit Menschen anderer Kulturen zusammengebracht werden, erkennen wir solche Unterschiede der Auffassung und stoßen auf die Frage, wie wir in unserer Zeit an die wichtigste christliche Aufgabe herangehen sollen. Das Wesen der Sünde ändert sich nicht, doch in bestimmten Jahrhunderten nahm sie ihre besondere Färbung an. Heute, so scheint mir, sind wir in der Gefahr, eine bestimmte Sünde zu begehen – und manche Leute haben sie überreichlich begangen: die Sünde, das uns zur Verfügung stehende Wissen nicht einzusetzen.

Mit Wissen meine ich empirisches Wissen, die Kenntnis etwa, wie man von einem Hektar Land soviel Erträge gewinnt, daß die Arbeit eines Mannes nicht drei oder fünf, sondern fünfzig Menschen erhält – einfaches, technisches, empirisches Wissen. Es sagt uns, wie wir mit der Unterernährung fertig werden sollen, wie wir für die Gesundheit der Kinder zu sorgen und die Bevölkerungsexplosion einzudämmen haben, die aus unserem christlichen Grundsatz, jedes menschliche Leben zu achten, entsteht.

Hätten wir nicht den Wert jedes Menschenlebens betont, dann hätten wir vielleicht auch nicht die Gesundheitsfürsorge durch die vorbeugende Medizin entwickelt. Wir haben in der ganzen Welt Epidemien bekämpft, haben die Säuglingssterblichkeit herabgesetzt und stehen nun vor der Möglichkeit, daß jedes geborene Kind auch leben wird. Damit tragen wir die Verantwortung, dafür zu sorgen, daß nur Kinder zur Welt kommen, die ernährt, versorgt und herangebildet werden können. Wir haben diese Situation in der Welt geschaffen und verfügen über die Kenntnis, sie zu meistern. Wir müssen sie einsetzen. Tun wir es nicht, dann entsteht eine Situation in der Welt, die für Millionen Menschen Hunger, Elend und Tod bedeuten kann

Die Technologie ist da. Sie hat uns zu einer einzigen Welt in gegenseitiger Abhängigkeit und dauerndem Austausch gemacht. Ich habe den größten Teil meines Lebens als Erwachsene mit Menschen am Rand der Zivilisation verbracht, mit den primitivsten Menschen, die man kennt, den Leuten von Neuguinea. Diese zwei Millionen Menschen sprechen siebenhundert Sprachen. Nicht einer von ihnen wüßte, wie man mehr als fünfhundert Menschen zu irgendeiner Form von Gemeinschaft zusammenfassen kann.

Von hier aus kann ich ermessen, wie weit wir es gebracht haben: Wir lernten zuerst, ein Stamm zu sein, dann ein Stadtstaat, schließlich eine Nation. Und heute versuchen wir, eine weltumspannende Gesellschaft zu werden, die durch das Gesetz zusammengehalten wird. Aus meiner eigenen Erfahrung weiß ich, daß sich ein Volk sehr rasch ändern kann. Ich habe ein einziges Dorf, in dem ich siebenunddreißig Jahre gearbeitet habe, eine Zeitspanne von etwa zweitausend Jahren überwinden sehen.

Ich kannte die Dorfbewohner, ehe sie Christen wurden, als sie noch in der Steinzeit lebten, als jeder Mann ein Kopfjäger war. Sie wußten nichts von der Welt außerhalb ihrer kleinen Insel. Ich kannte sie, als sie das erste Verständnis für das Christentum bekamen, als die Missionare sich um ihre Seelen kümmerten, sie aber immer noch als Lebewesen einer anderen Art behandelten. Ich kannte sie in der Zeit, in der sie die Vision der menschlichen Bruderschaft mit einer Ahnung dessen verbanden, was moderne politische Formen und moderne Technologie erreichen können. Da sprachen sie ablehnend über ältere Formen des Christentums, wie sie ihnen von Missionaren beigebracht worden waren, die niemals von einer Kinderklinik für Neugeborene gehört hatten (obwohl sie mit großer Hingabe jede Wunde verbanden, die man ihnen zeigte).

Hier steht die christliche Gemeinschaft vor dem Auftrag, das Gebot der Nächstenliebe mit der Aufgabe zu verbinden, diese Nächsten kennenzulernen, alles über sie zu erfahren, was man über sie wissen kann, und alles zu lernen, was man wissen muß, um das christliche Gebot zu erfüllen.

Es gibt zwei allgemeine Anwendungsbereiche. Die christliche Gemeinschaft muß von den Wissenschaftlern – den Naturwissenschaftlern und den Soziologen – fordern, daß sie ihr Wissen in eine Form bringen, mit der auch gewöhnliche menschliche Wesen umgehen können. Sehr wenige von ihnen haben es versucht, und selbst das bleibt einseitig, wenn die christliche Gemeinschaft nicht von sich aus handelt. Der Mensch muß die sozialen Wissenschaften befragen – die ja wissen, wie man die internationale Welt organisieren, das Gesetz ordnen, die Verwaltungsstrukturen aufbauen kann –, wie sich die Liebe des Menschen zum Menschen ausdrücken läßt. Wir müssen die Wisenschaftler auffordern, uns mitzuteilen, wie man kleine Kinder so erzieht, daß sie die Fähigkeiten erwerben, Gott zu lieben und zu vertrauen, Unrecht zu fühlen und eine Beziehung zum Ganzen der menschlichen Rasse zu finden. Die Bedingungen dafür kennen wir, doch in vielen christlichen Gemeinschaften machen wir wenig Gebrauch von unserem Wissen.

Wir kennen sehr gut die Voraussetzungen zur Anlage großer Städte, doch wir bauen entsetzliche Städte überall in der Welt. Wir wissen, was für kleine Kinder notwendig ist, richten uns aber nicht danach. Deshalb müssen wir den Wissenschaftlern sagen: Dies sind die Dinge, die nach unserer Ansicht getan werden müssen – berichtet uns, was eure Wissenschaft dazu sagt.

Ich war entsetzt, als mir ein Student erklärte, die Gefahr eines Atomkrieges sei nur amerikanische Propaganda; ich wäre nicht weniger entsetzt gewesen, wenn er sie für russische, chinesische, französische oder guatemaltekische Propaganda gehalten hätte. Das Beängstigende ist unsere Unfähigkeit zur Erkenntnis, daß wir das Leben der ganzen Welt in der Hand haben. Krieg, jeder Krieg irgendwo, bringt die ganze Welt in Gefahr; heute sind die Völker aller Länder die Hüter der Menschen in jedem anderen Land. Kein Land kann sich selbst schützen. Ein Land, wo es auch sei, kann sich weder durch den Opfermut noch durch die größte Anstrengung seiner Bürger selbst schützen: Wir können nur dann die Bürger unseres Staates schützen – wo immer wir leben –, wenn wir alle anderen genauso sichern.

Wenn die Theologie durch eine bessere Kenntnis der Welt, in der wir leben, erleuchtet wird, gewinnt sie neues Leben in unserer Zeit. Wir werden dann nicht mehr einen großen Teil unserer Jugend deshalb verlieren, weil sie in einer Atmosphäre vereinsamt, die ihr Wissen nicht berücksichtigt. Es gehört zu den wesentlichen Zügen unserer Zeit, daß die jungen Leute durch das rasende Tempo der sozialen, technologischen, säkularisierenden, pluralistischen Weltrevolution mehr wissen als ihre Eltern. Das haben junge Leute zwar immer von sich geglaubt, doch heute ist es wirklich so.

Sie haben keine Welt ohne Bomben gekannt, die Jüngsten nicht einmal eine Welt ohne Satelliten am Himmel. Wir müssen irgendeine Möglichkeit finden, um die Welt, in der sie die Eingeborenen und wir die Einwanderer sind, mit der uns Älteren zugehörigen Welt zu verbinden. Uns fallen nicht nur Autorität und Führung als Aufgabe zu, sondern wir besitzen auch einen Sinn für das Dringende, den die Jugend nicht hat.

Es gehört zu den vordringlichsten Aufgaben der Christen, sich alles Wissen anzueignen, das zur Verfügung steht. Wir wollen gar nicht unsere erschöpften Reihen auffüllen und alle Leute zu Physikern, Chemikern und Verhaltensforschern machen, doch wir wollen als Bürger, die auch Christen sind, verlangen, daß die Wissenschaftler uns das vermitteln, was sie wissen, damit wir dieses Wissen einsetzen können.

Wir müssen die Aufgabe lösen, einen Glauben für das zwanzigste Jahrhundert zu entwickeln, der sich mit unserem empirischen Wissen verbinden läßt. Die Theologen müssen zusammen mit den Wissenschaftlern am Aufbau dieses Glaubens arbeiten, denn ohne Glauben und Liebe zerstören wir die Welt. Freilich, mit Glauben und Liebe kann sie, wenn das Wissen fehlt, auch vernichtet werden.

Ich möchte vorschlagen, daß wir, während jeder die Erfahrungen des anderen übernimmt und sich zu eigen macht, ein Gebet unter unsere anderen einreihen, in dem wir bekennen: wir wissen, daß wir nichts wissen. Im Namen des Glaubens, daß der Mensch durch seine Mitmenschen mit Gott verbunden ist, erklären wir aber demütig, daß wir das Wissen erwerben wollen, mit dem wir versuchen und verwirklichen können, der Hüter unseres Bruders zu sein.

Nachbarschaftsplanung und menschliche Grundbedürfnisse

Menschen müssen zwischen Menschen aufwachsen, die wiederum von anderen menschlichen Wesen gelernt haben, wie sie in bestimmter Weise leben sollen. Es gibt nur sehr wenige kulturelle Unterschiede, wo es um die Grundbedürfnisse des Menschen geht; sie stellen die Stufe dar, unter die wir den Menschen nicht fallen lassen dürfen.

Zunächst bedeutet Nachbarschaft den Platz, an dem Kinder aufwachsen, um Glieder ihrer eigenen Gesellschaft zu werden. Unvermeidlich begegnen die Kinder in ihrer Umgebung unterschiedlichen älteren Erwachsenen, aus deren Erfahrung sie lernen, sich der Art von Gesellschaft anzupassen, in die sie hineinwachsen. In einer statischen Gesellschaft sind erfahrene ältere Leute, die in ihrem Leben nichts wesentlich Neues hinzugelernt haben, am wichtigsten, weil sie den Kindern das gesamte Erbe vermitteln. Doch in einer sich wandelnden Gesellschaft fällt Großeltern, die ständig weiterlernen und selbst an Veränderungen beteiligt waren, die wichtige Aufgabe zu, ein Gefühl für Anpassung zu vermitteln. Eine Umgebung, in der die Kinder lernen, ihre Grundbedürfnisse zu befriedigen und sich auf die Anwendung höherer menschlicher Fähigkeiten hin zu entwickeln, findet sich dort, wo sie zuerst den Erwachsenen begegnen, Eltern, Großeltern und nicht verwandten Erwachsenen dieser beiden Generationen. Ältere Leute wollen ihre eigenen Großeltern vielleicht nicht dazu rechnen (denn in einigen Teilen der Welt fehlt es auffällig an Duldsamkeit gegen die eigene Verwandtschaft), doch immer wird es Angehörige der großelterlichen Generation geben, denen man mit Achtung begegnet.

Natürlich muß jede von uns entworfene oder auch von uns zu verbessernde Nachbarschaft die physiologischen Grundbedürfnisse aller ihrer Angehörigen befriedigen: Essen, Trinken, Raum, Schlaf, Ruhe und ein Mindestmaß an privatem Bereich.

Der Begriff des privaten Bereichs wird höchst unterschiedlich verstanden. Es gibt Gesellschaften, in denen ein Wort wie »privat« überhaupt fehlt und die mit Abscheu auf den Begriff reagieren, wenn er ihnen erklärt wird. In einer Gesellschaft, in der ich gearbeitet habe, auf Samoa, hing zwischen mir und den anderen Angehörigen des Haushalts ein Vorhang, der mir einen gewissen privaten Bereich verschaffte; doch in einem Haus ohne Mauern trennte mich nichts vom übrigen Dorf, in dessen Augen ich offensichtlich nicht den Schutz eines privaten Bereichs brauchte. Trotzdem scheint irgendein eigenes, unverwechselbares, räumlich fixiertes Territorium – und sei es der Nagel, an den man seinen Hut hängt – ein grundlegendes menschliches Bedürfnis zu sein.

Ein weiteres ist eine gewisse Beständigkeit der menschlichen Beziehungen. Sie brauchen nicht einmal zärtlich oder freundlich zu sein. In einer Gesellschaft, die ich studierte – bei den Mundugumor –, wurden die Kinder zu tüchtigen und glücklichen Kannibalen erzogen, doch die Erziehungsweise der Mundugumor würde uns ziemlich rauh erscheinen. Einer Mutter kam es nicht in den Sinn, ihrem weinenden Baby die Brust zu geben; sie hob es auf ihre Schulter, damit es alles beobachten konnte. Ein ganz kleiner Säugling wurde in einem flachen, rauhen Korb aufbewahrt, den man an die Wand hängte. Wurde das Kind unruhig, dann kratzte die Mutter außen am Korb: ein Geräusch, wie es quietschende Kreide auf einer Schultafel verursacht – gewiß kein zärtlicher Laut, aber das Baby hörte auf zu weinen, denn das Geräusch versicherte ihm die Beständigkeit seiner Umgebung.

Die Vorstellung, ein Säugling müsse von seiner biologischen Mutter betreut werden und sei einem Trauma ausgesetzt, wenn sie eine Woche lang abwesend ist, leitet sich aus der Einsicht in dies Bedürfnis nach Beständigkeit her. Doch einem Kind, das von der Geburt an gewöhnt ist, von acht verschiedenen, ihm aber nahen Personen betreut zu werden, kann durch jede von ihnen das Gefühl von Beständigkeit vermittelt werden, und wenn die engste Umgebung, die Form seines Betts und der Geruch des Raums, ein Teil dieser Beständigkeit ist, kann das Kind die Vielfalt von Betreuungspersonen vertragen.

Das bedeutet, daß man bei der Planung von Nachbarschaften für die Zukunft durchaus verschiedene Möglichkeiten hat. Wir können etwa das Auto der Familie zum Haus machen, und wenn das Kind mit Katze, Hund und vertrautem Spielzeug an einen fremden Ort gefahren wird, hat es immer noch sein vertrautes Zuhause um sich. Wir können Kinder auch so aufziehen, daß sie den Sommer immer am selben Ort verbringen, den Winter an verschiedenen, vorausgesetzt, daß wir dabei immer auf die Grundbedürfnisse von Beständigkeit und Vertrautheit achten. Es gibt überzeugende Hinweise darauf, daß es zu schweren Konflikten bei Kindern führt, wenn wir hier versagen, und wir sehen uns vor der Frage, wie man Kinder sicher aus einer sehr vertrauten in eine ganz fremde Umgebung bringen kann, falls es nichts gibt, das die Lücke überbrückt. Eine vertraute und vertrauenswürdige Umgebung ist wichtig, damit das Kind lernt, daß die Dinge heute hier sind und morgen anderswo sein werden, sich aber finden lassen, wenn das Kind seine Hand danach ausstreckt. Doch man muß berücksichtigen, daß Beständigkeit auf unterschiedliche Weise erreicht werden kann.

Wenn Kinder bereit sein sollen, in einer sich wandelnden Welt zu leben, müssen sie fast vom ersten Tag an auf die richtige Einstellung zum Fremden vorbereitet werden. Menschen, die in der modernen Welt leben, sind benachteiligt, wenn sie nur in der Umgebung ihrer eigenen Verwandten aufwachsen müssen, und je weniger Verwandte sie haben, um so fühlbarer ist dieser Nachteil. Und so wird das Kind überall in der Welt, wo die alten Formen der Großfamilie in kleine, isolierte Familienkerne zerfallen, auf unheilvolle Weise von seinen beiden Eltern abhängig; unheilvoll, weil das Leben in den großen Städten verheerend auf den wirkt, der nicht gelernt hat, mit einer Vielfalt von Leuten umzugehen, und der nicht darauf gefaßt ist, das Fremde interessant und lohnend zu finden und es trotzdem mit einer gewissen Vorsicht aufzunehmen.

Die Einbeziehung des Fremden hat ihre Auswirkungen auf die Größe der geplanten Nachbarschaften: Sie können nicht nach dem Modell des primitiven Dorfs errichtet werden, in dem jeder jeden kennt und jedem alles vertraut ist. Trotzdem gibt es Leute, die am liebsten alles in einer sicheren, umhegten Umgebung bewahren, alle Autos, alles Fremde von ihr fernhalten und sie zu einer Art Rasen machen möchten, auf dem Kinder toben können. Zweifellos muß jede Nachbarschaft einen Platz aufweisen, der für Kinder zugeschnitten ist, wo sie sich so frei bewegen können. Und wenn die Kinder sich frei ergehen können, glaube ich fast, daß es nicht so wichtig ist, ob die Erwachsenen Spaziergänger sind oder nicht. Erwachsene können eine ungeheure Spezialisierung ertragen, sogar viele Arten von Mangel, wenn ihre Sinne in der Kinderzeit voll angeregt und entwickelt worden sind. Dafür spricht die Erfahrung von Leuten, die im späteren Leben taub oder blind oder gelähmt wurden, aber auf frühe Erfahrungen des Hörens, Sehens oder Bewegens zurückgreifen können. Das beste Beispiel für einen solchen Menschen ist wohl Helen Keller. Sie konnte hören und sehen, bis sie das erste Wort lernte, und diese sehr frühe Erfahrung bewahrte ihr einen Sinn für die Welt, der ihr in ihrer späteren unvorstellbaren Einsamkeit half. Je besser wir also in die Nachbarschaft Möglichkeiten einbauen, das kleine Kind im vollen Sinn des Wortes zu »humanisieren«, um so besser wird der Erwachsene später für die Fremdheit und den Streß in einer Welt gerüstet sein, die für manchen sicher längere Zeiten physisch streng beschränkten Daseins bringen wird, sei es im Weltraum, sei es in der Tiefsee, in Bereichen jedenfalls, auf die der Mensch durch seine Evolution kaum vorbereitet ist. Gewiß, wir brauchen Bereiche, in denen kleine Kinder sicher sind und sich auf ihren eigenen Beinen bewegen können (was für die Anlage von Kindergarten und Grundschule wichtig ist); doch wir müssen sie auch darauf vorbereiten, zeitweise gefährlich zu leben, und das schon, wenn sie noch klein sind: Fremdheit und Gefahr sind ein Teil des Lebens in städtischer Umgebung.

Die Anonymität der Städte ist ein Vorteil, aber, wenn sie zu weit getrieben worden ist, auch ein Nachteil. Sogar das kleine Kind, das in der Stadt aufwächst, muß Fenster in die unbekannte Welt haben. Die Einkaufsstraßen, in denen es Fremde sieht und erlebt, wie seine Mutter Fremden begegnet, sind ein solches Fenster. Zur gleichen Zeit braucht es den Rasen, den geschützten Spazierweg, den Kindergarten, in dem ihm alles nah und vertraut ist. Nur auf solche Weise erreicht das Kind die Selbständigkeit, die auf jeder Entwicklungsstufe notwendig ist. Es muß Plätze und Gelände geben, auf denen das Kind sicher, ohne Angst vor dem Verkehr, herumlaufen kann. Wenn Kinder in ein neu errichtetes Wohngebiet kommen, das nicht genügend vor Autos geschützt ist, haben die Eltern oft so große Angst, ihre nicht darauf vorbereiteten Kinder könnten unter die Räder kommen, daß sie ihnen keine Bewegungsfreiheit mehr einräumen. In einem Stamm, den ich kenne, lag ein Dorf in einiger Entfernung von einem großen Fluß, der eines Tages seine Richtung änderte und von nun an durch das Dorf floß. Die Erwachsenen, die keine Ahnung hatten, was sie tun sollten, fürchteten sich vor dem Wasser, und ihre Kinder fielen natürlich hinein. Andere Leute, die seit langem am Fluß wohnten, wußten, was man Kindern beibringen muß, und die ihren fielen nicht ins Wasser. Wir müssen unsere Kinder heute nicht nur über Flüsse, sondern auch über den Autoverkehr belehren: Sie sollen die Gefahren erkennen, vorsichtig sein, aber auch wissen, wie sie ungefährdet ihre Möglichkeiten ausnutzen. So muß es in jeder Nachbarschaft Plätze geben, an denen sich ältere Kinder ohne die Familie frei bewegen und Selbstvertrauen, allgemeine Sicherheit und Duldsamkeit gegen das Fremde und die Fremden beweisen können.

Kinder brauchen außerdem Anreiz für alle Sinne. Dafür gibt es mehrere Gründe. Wegen der zahlreichen individuellen Verschiedenheiten kann man nicht vorhersagen, ob ein bestimmtes Kind mehr vom Hören, vom Sehen oder vom Tastsinn abhängig sein wird. Außerdem kann in verschiedenen Lebensbereichen besonderer Wert auf den Gebrauch der Ohren oder auf den der Augen gelegt werden. Das Kind, dem als ganz kleinem Wesen die Anregung sämtlicher Sinne fehlte, hat Schwierigkeiten, wenn es die notwendigen Übergänge von einem Sinnenbereich in den anderen machen soll. Doch es gibt darüber hinaus auch Hinweise darauf, daß multisensorische Querverbindungen eine schöpferische Quelle für die Erneuerung der Gedankenwelt bilden, und wir möchten ja Kinder aufziehen, die auch die Fähigkeit zur Erneuerung in einer dynamischen Welt besitzen.

Kinder brauchen eine Umwelt, in der sie feine Unterschiede wahrzunehmen lernen – sie sollen leise Geräusche wahrnehmen, zwischen Schritten unterscheiden lernen, kleine Schwankungen der Stimmhöhe hören, lernen, beim Aufwachen die Tageszeit zu erkennen. Manche Menschen sind besonders empfindlich gegen Geräusche und möchten viel mehr davon ausschalten, als andere es tun; gerade hier können sich ganze Kulturkreise voneinander unterscheiden. Doch in allen Kulturen müssen menschliche Wesen – um menschlich zu sein – das Nicht-Menschliche kennen. Sie brauchen ein gewisses Verständnis für Pflanzen und

Tiere, Wasser und Sonnenschein, Erde, Sterne, Mond und Sonne. Leute, die nicht auf die Sterne achten, können Satelliten auch nicht richtig einschätzen, sie wissen nicht, was die einen, was die anderen sind. Die Notwendigkeit, auch das Nicht-Menschliche zu kennen, muß bei einer guten Nachbarschaftsplanung ebenfalls berücksichtigt werden. Wasser muß dasein, möglichst fließendes, denn bewegliches Wasser gehört zu den Haupterfahrungen, durch die sich die Sinnenwelt des Kindes erweitert. Erde muß dasein, nicht nur ein Sandkasten. Tiere sind nötig, wenn auch nicht unbedingt große Tiere: Ein Kind lernt die Tierwelt ebenso durch einen Fisch im Teich kennen wie durch den Büffel auf der Prärie, und in einem winzigen Garten läßt es sich ebensogut graben wie auf einem großen Acker.

Wenn das Ganze nur vollständig ist, darf man den Maßstab ruhig verkleinern, und die Einzelheiten können sich von einer Nachbarschaft zur anderen durchaus unterscheiden. Das Kind muß aber lernen, was im Wasser lebt, was in der Luft, was auf der Erde, und wie die Menschen mit diesen wachsenden, lebenden, singenden, kämpfenden und spielenden Geschöpfen verbunden sind. Jede Umwelt wirkt verkrüppelnd, wenn sie dem Kind solche Erfahrungen vorenthält. Ein Kind, das in einer Gegend des Pfirsichanbaus aufwächst, das also gelernt hat, beim Aufwachen eine Temperaturänderung wahrzunehmen und zu wissen, wie die Leute darauf reagieren werden, bleibt damit sein ganzes Leben vertraut. Ein solcher Mensch kann dann vierzig Jahre lang in einer Stadt leben – wenn er in die Pfirsichgegend zurückkommt und die Pfirsichblüten sieht, kann er wieder um zwei Uhr morgens aufwachen und genau sagen, was die Farmer tun werden. Erfahrungen solcher Art gehen nie verloren.

Ein besonderes Ziel bei der Errichtung von Nachbarschaften muß es sein, dem Kind Vertrauen und Selbstsicherheit zu vermitteln und damit die Art von Selbständigkeit, die sich in die Kraft umsetzt, Fremdes, Unbekanntes und Abweichendes zu ertragen. Kinder brauchen deshalb eine gewisse Erfahrung mit der Menschheit in ihrer ungeheuren Vielfalt. Es ist Unsinn, daß Kinder keine rassischen Vorurteile haben; sie wissen allerdings nicht, welche Rasse »überlegen« ist, und darin liegt ja die Wurzel der eigentlichen Rassenvorurteile. Doch sie sind sehr empfänglich für Abweichungen im Körperlichen. Ein Kind, dem dunkelhäutige Menschen vertraut sind, kann an weiße Gesichter gewöhnt sein und doch vor Schreck aufschreien, wenn es einen Weißen in der Badehose sieht. Ebenso kann sich ein weißes Kind an dunkle Gesichter gewöhnt haben, aber bei der Entdeckung erschrecken, daß jemand einen dunklen Rücken hat. Wir brauchen eine Nachbarschaft, in der das Kind ausreichende Erfahrungen mit den Unterschieden in Farbe, Typ und Auftreten der Menschen machen kann, so daß nicht etwa eine Gruppe nur mit ungelernter Arbeit, eine andere nur mit anspruchsvollen Berufen assoziiert wird. Statt mit den Klischees von Alter, Geschlecht und Farbe, Klasse und Religion aufzuwachsen, sollen Kinder lernen, daß in jeder Schicht manche Leute widerlich und andere angenehm sind.

Ich glaube, wir müssen auch daran denken, die Kinder mit Denkmodellen von der Art bekannt zu machen, wie sie von den meisten gebildeten Erwachsenen verlangt werden wird. Wenn auch nicht alle Kinder die gleiche Lernweise haben, ist doch zum Beispiel bekannt, daß in normal geometrischen Räumen aufgewachsene Kinder später Geometrie verhältnismäßig leicht lernen. Ebenso lernen die Kinder vieles über Volumen und Proportionen durch Wohnblocks, bevor sie die Wörter kennen, um ihre Einsichten auszudrücken. Und heute müssen sie irgendwie die Tatsache erfassen, daß ein Gegenstand – ein Behälter für Flüssigkeiten – »glass« nur *auf englisch* heißt. Das muß sehr früh schon gelernt werden, denn es gehört zu dem Wissen, daß die eigene Kultur eine von vielen ist. Und das wiederum ist ein Teil der Aneignung von Bewegungsfreiheit in der modernen Welt.

Beim Bau von Nachbarschaften, die menschlichen Bedürfnissen entsprechen, beginnen wir mit denen der Kleinkinder. Sie vermitteln uns den Grund, auf dem wir weiterbauen, und die Möglichkeiten für Kontakte mit anderen Menschen, mit der physikalischen Umwelt und der lebendigen Welt, mit den Erfahrungen, durch die sich die volle Menschlichkeit des einzelnen verwirklicht. Die Kriterien müssen für jede Kultur anders sein. Wir können unseren Blickwinkel gar nicht zu tief ansetzen, doch wir können weit zielen, denn wir haben ja noch kaum begonnen, die Möglichkeiten des Menschlichen zu erkunden. Wie sie sich entwickeln werden, wird von den Lernerfahrungen abhängig, die wir den Kindern in dem menschlichen Habitat ermöglichen, in dem sie leben. Das ist unsere moralische, ja religiöse Verpflichtung füreinander.

Aspekte der Geburtenkontrolle

Man hat das Problem der Geburtenkontrolle als »das große religiöse Thema der modernen Welt« bezeichnet. Man kann zu dieser Auffassung kommen, wenn man allgemein die Frage erörtert, auf welche Weise die unterentwickelten Länder der Welt an den technischen Errungenschaften der überentwickelten, sich aber weniger reproduzierenden Völker teilhaben sollen; man kommt aber auch dahin, wenn man das Thema enger faßt und von den Konflikten zwischen den aufsteigenden Nationalismen spricht, deren immer wiederkehrende Tendenz die Produktion von noch mehr Kanonenfutter ist; oder man braucht nur, noch gezielter, an die Auseinandersetzung zwischen dem Katholizismus und den weltlichen oder protestantischen Befürwortern einer geplanten Elternschaft zu denken, wenn es um Geburtenkontrolle und gesetzliche Behandlung der Abtreibung geht. Die Frage gerät in besonders scharfes Licht, wo man gesetzlich gegen Verhütungsmittel und die entsprechende Aufklärung vorgeht: Die Abtreibungsrate erreicht eine alarmierende Höhe, so daß vielfach auf eine Lebendgeburt eine Abtreibung kommt. Wenden wir uns von diesen allgemeinen Konflikten der geistigen Front zu, an der moderne Menschen versuchen, unter der Verantwortung vor Gott die Grundsätze früherer Zeiten an die Erfordernisse der modernen Welt anzupassen. Auch hier ist das Thema von großer Bedeutung.

Im Namen der menschlichen Würde wird – überzeugend – vorgebracht, daß Mann und Frau, wenn sie ihre volle geistige Entfaltung erreichen sollen, frei sein müssen, sich für eine von zwei Handlungsweisen zu entscheiden, und daß die Verhütungsmittel der Frau die Beherrschung ihrer eigenen Fruchtbarkeit verschaffen, eine Freiheit, die ihr versagt blieb, solange die Ehefrau gezwungen war, ihrem Mann eheliche Pflichten zu leisten, ohne Rücksicht darauf, was ihr daraus entstand: eine unerwünschte Schwangerschaft nach der anderen – zuweilen durch Fehlgeburt beendet –, Totgeburten, Säuglingssterblichkeit. Die öffentliche Gesundheitspflege weist darauf hin, daß nur durch Bekämpfung der Säuglingssterblichkeit bei gleichzeitigem Geburtenrückgang den unterernährten Völkern der Welt, für die das Leben durch Armut, Hunger und Krankheit zur Last wird, auf wirtschaftlichem Gebiet das Maß an Würde zuteil werden kann, das einst nur als Möglichkeit ersehnt wurde, jetzt aber einem Volk nicht mehr verweigert werden darf, soll nicht die Verantwortung des Menschen für andere Menschen versagen.

Es gibt noch weitere, kleinere Probleme. Geburtenkontrolle ist in einigen Ländern zum bevorzugten Kampffeld geworden für organisierte katholische und protestantische Gruppen gegen organisierte weltliche, wobei die jüdischen und protestantischen Gruppen keine eindeutige, sondern eine unentschiedene Rolle spielen. Unter solchen Umständen wird die ganze Frage völlig wirr, zumal die katholischen Teilnehmer der Diskussionen oft die ganze Bürde der Verteidigung nicht allein ihrer eigenen religiösen Position zu tragen haben, sondern *alle* religiösen Standpunkte gegen eine weltliche Haltung verteidigen müssen, die von den liberalen Juden oft genug übernommen wird; ein Vertreter des organisierten protestantischen religiösen Lebens fehlt oft – nach der bequemen Theorie, daß jedermann, der nicht als Jude oder Katholik abgestempelt ist, ipso facto ein Protestant sei.

Es gibt kleine, heftige Auseinandersetzungen unter Berufung auf die Kinderpsychologie. Da heißt es auf der einen Seite, Kinder seien besser angepaßt, wenn sie dem Alter nach möglichst nah beieinander aufwachsen, während andere für zeitlich weitverteilte Geburten sprechen. Da wird die bessere Angepaßtheit im Charakter der Kinder betont, die aus einer sehr großen glücklichen Familie stammen, wo sie in einer Art Juniorenrepublik aufwachsen und so viele Brüder und Schwestern haben, daß sie eine Basketball-Mannschaft bilden könnten – zweifellos selige Tage für jedes Kind –, und das wird als Gegensatz zur Angepaßtheit von Kindern gesehen, deren Eltern es nie zu einem so munteren, vollen Kinderzimmer gebracht haben.

Das Kampffeld kann sich auch auf so anspruchsvolle Theorien wie die verlagern, die David Riesman in seinem Buch *The Lonely Crowd* – Die einsame Masse – vertritt. Er spricht davon, daß sich das Wesen von Menschen, die in einer Gesellschaft mit steigender Bevölkerungskurve aufgewachsen sind, von anderen unterscheidet und daß aus einer solchen Gesellschaft der »innengeleitete Mensch« hervorgeht. Damit ist der Gewissenhafte gemeint, der an den Geboten seiner Erziehung festhält und imstande ist, sie auch unter veränderten Verhältnissen ausdauernd anzuwenden. Eine ähnliche Typenunterscheidung wurde von Robert Lamb in seiner Arbeit über *Fall River* vorgebracht: In einer wachsenden Gesellschaft wirkt eine Art moralischen Eifers und ein Zielbewußtsein, die in der Gesellschaft mit sinkender Kurve fehlen; Lamb geht es allerdings mehr um die Integration in bessere soziale Einrichtungen als um die individuelle Prägung. Der Übergang des Interesses vom Produzieren zum Verbrauchen, innerhalb einer als reif und geschlossen empfundenen Gesellschaft, die durch Riesmans »außengeleiteten Menschen« gekennzeichnet ist, hat sich in einem hübschen Witz niedergeschlagen: Familien auf dem aufsteigenden Ast wohnen in großen Häusern mit Dachkammern, während bereits »arrivierte« Familien in kleinen Häusern mit Hobbyräumen im Keller leben.

Auch die primitiven Gesellschaften bieten uns gutes Anschauungsmaterial: Ein allgemeines geistiges Unbehagen, entstanden aus dem vernichtenden Zusammenstoß älterer Werte mit den komplizierten Kulturen, die mit ihnen in Berührung gekommen sind, kann von einer Senkung der Geburtenziffern begleitet sein, einer Art von Rassenselbstmord, der nicht etwa durch geänderte Praxis der Geburtenkontrolle oder durch Tötung der Kinder verschuldet wird. Es scheint, daß genau wie die in Institutionen ohne persönliche Zuwendung aufgezogenen Kinder auch die Kinder eines Volkes, das den Sinn für den Wert des Lebens verloren hat, sterben können, einfach verfallen aus Mangel an Willen zum Leben.

Diese ganzen Fragen sind zur Zeit besonders drängend, denn die Grenzen unseres politischen, sozialen und religiösen Gewissens weiten sich, und unser Denken muß das Ganze der Menschheit umfassen, und zwar als die konkreten Birmesen oder Akikiyu oder Kanadier oder Argentinier oder Franzosen – nicht nur in der abstrakten Formulierung von der Bruderschaft der Menschen. Hier in den Vereinigten Staaten erleben wir eine Periode des

Gedeihens, mit dem höchsten Lebensstandard, den die Menschheit bisher erlebt hat, und kein Nationalismus drängt uns zur Vermehrung der Bevölkerung, wie es in totalitären Staaten geschieht. Wir haben keine Angst, bei einem Wettbewerb in Bevölkerungszahlen zurückzubleiben – so wie es Frankreich im Verhältnis zu Deutschland zwischen den Kriegen oder den französischen Kanadiern im Zahlenverhältnis zu den englischen Kanadiern ging. Wir erschrecken nicht über das Mißverhältnis zwischen einer sich steigernden Überlebensrate und den natürlichen Bodenschätzen, wie es sich in östlichen Ländern immer ergibt, wenn Verbesserungen der allgemeinen Gesundheitsfürsorge durchgeführt werden. Die Freiheit des Staates von kirchlicher Aufsicht ist bei uns Tradition, wir lehnen eine Kontrolle der Gesetzgebung durch irgendwelche religiösen Gruppen ab. Wir sind in einer Periode, wo junge Leute wieder Kinder wollen. Damit ist bei uns in den Vereinigten Staaten eine Lage gegeben, in der wir einige der mitentstandenen geistigen Fragen offen anpacken können. In den letzten Jahren wurden orale Verhütungsmittel entwickelt, mit denen eine Vielzahl von Problemen (Kosten, Information, Nebenwirkungen) wegfiel, so daß wir vor dem zentralen Thema stehen: Wie soll man sich in der Ehe zur Geburtenplanung einstellen? (Außerehelicher Gebrauch von Verhütungsmitteln versteht sich von selbst, vor allem dann, wenn gewisse religiöse Gruppen ihre derzeitige Einstellung zur Sexualität beibehalten.)

Hier möchte ich das Interesse auf eine einfache Frage lenken: Was antwortet man seinem Kind, wenn es nach der Entscheidung fragt, die seiner Existenz vorausging? »Warum bin ich geboren, Mutter: Warum habt ihr mich bekommen? Warum haben wir noch ein Baby, wenn wir doch so arm sind? Warum habt ihr immer wieder Mädchen bekommen, bis ich kam? Sind Jungen besser als Mädchen?« In dem Meinungsklima, das die Freiheit in Entscheidung und Handeln betont, müßte es klare Alternativen geben. Vielleicht sind wir imstande, wie der Katholik zu antworten, der im Handeln wie im Glauben den Vorschriften seiner Kirche folgt: »Als dein Vater und ich heirateten, war das unser Willkomm für dich als eines der Kinder, die Gott uns schickte. Arm oder reich, gesund oder krank, wir bereiten ein Zuhause für diejenigen, die Gott uns schickt. Klug oder dumm, körperlich vollkommen oder behindert, die von Gott uns gesandten Kinder sind uns willkommen. Es ist unsere Aufgabe (wie es der Orden, der sich der Pflege schwer behinderter Kinder widmet, formuliert), jedem Kind zu helfen, seinen Beitrag zu leisten, in der Zeit und in der Ewigkeit.« Eine solche Antwort wahrt die volle Würde der Eltern, die Gott gehorchen, und der Kinder, die Gott geschickt hat.

Wenn man aber auf der anderen Seite nicht die Meinung teilt, daß Sexualität ohne die Bereitschaft zu Kindern schlecht im religiösen Sinn sei, sondern die Ansicht vertritt, Sexualität sei eine Form des Ausdrucks zwischen Menschen, die einander lieben und das Leben miteinander teilen, ferner daß man Kinder planen und die Ankunft eines jeden Kindes nachdrücklich begrüßen sollte – nicht mit dem Gesang eines Engels, aber durch den elterlichen Entschluß –, dann kann die Antwort auf die Frage des Kindes genauso eindeutig sein. Denn dann müßte man, im idealen Fall, sagen können: »Wir wünschten uns ein weiteres Kind. Wir wußten nicht, ob es ein Junge oder ein Mädchen werden würde, wir wußten auch, daß wir das nicht bestimmen konnten. Wir wußten, daß wir auch dann, wenn wir für ein Kind bereit waren, nicht bestimmen konnten, *ob* wir es bekämen. Wir beschlossen nur, daß wir ein Kind haben wollten, und auf diese Entscheidung hin bist du geboren worden.« Der Standpunkt allerdings, der sich zwischen diesen hält, der Standpunkt von Leuten, die ihre Kinder als verschiedene Möglichkeiten unglückseliger Zufälle interpretieren – wie das gelegentlich auch Katholiken tun, wenn sie ihren Kindern erklären, sie hätten Gott gebeten, ihnen nicht noch einen Mund zum Sattmachen zu schicken – ein solcher Standpunkt ist von Grund auf materialistisch. »Wir wollten irgendwann mal Kinder, aber nicht gerade jetzt, doch irgend etwas ging schief bei der Verhütung.« »Wir hatten zwei Kinder, und das reichte uns, ich dachte, wir wären nun sicher und bekämen keine mehr.« Viele Eltern reden in ähnlichen Ausdrücken von unvollständiger, fehlerhafter, schlecht durchgeführter Verhütungspraxis oder, innerhalb der katholischen Doktrin, von unvollständiger, fehlerhafter, nicht durchgehaltener Enthaltsamkeit – in Ländern, in denen der »Rhythmus« gestattet ist –, von nicht durchgehaltener Enthaltsamkeit in einer Periode möglicher Befruchtung. Die meisten von ihnen lieben dann doch das Kind, wenn es unterwegs ist, sie begrüßen seine Ankunft; aber es ist und bleibt ein schwerer Schaden für das Kind, wenn seine Geburt als Zufall interpretiert wird, als etwas, auf das die Eltern nicht recht vorbereitet waren und das sie nicht aus freier Entscheidung wollten.

Die Theorien über Kindererziehung beruhen in unserem Land zu einem großen Teil auf dem Gefühl, wie schrecklich bitter es wäre, wenn ein Kind schreien müßte: »Ich wollte nie geboren werden.« Doch ein wachsendes Bewußtsein von der Würde des Kindes als Person zwingt uns zu der Einsicht, daß ebensoviel Bitterkeit in dem Aufschrei liegt: »Ihr wolltet nicht, daß ich geboren wurde.« Zwischen der völligen Unterordnung unter das religiöse Gebot, daß man nicht die Bedingungen für die Entstehung eines Kindes schaffen darf, ohne auf dessen Ankunft vorbereitet und darüber erfreut zu sein, und der lückenlosen Anwendung von Verhütungsmitteln, die es nicht zu »Unfällen« kommen lassen, liegt das Gebiet, auf dem die moderne Welt ernsthaft herausgefordert wird.

Vielleicht erfassen wir das Thema heute klarer, weil die Frau eine neue Haltung eingenommen hat, und zwar als informierte Mutter, die die Erkenntnisse der modernen dynamischen Psychologie versteht, wie auch als praktisch Forschende und Tätige in der Entwicklungspsychologie, der Kinderpsychiatrie, der Sozialarbeit, der Anthropologie. Die Beziehung der Frau zu Schwangerschaft und Geburt unterlag nie der historischen Vieldeutigkeit, von der die Rolle des Vaters umgeben ist, und die moralische Position des Individuums, das unmittelbar die Folgen seiner Handlung erlebt, ist klarer, weniger mehrdeutig als die des Partners, der sich auf die Folgen des gemeinsamen Akts einstellen muß, obwohl sie sich im Körper des anderen entwickeln. Auf jeden Fall verlangen die volle Verwirklichung des Menschen und die Lösung des Problems die Beteiligung beider Geschlechter, mit der Voraussetzung des nötigen Wissens und der inneren Verantwortung.

Die liberale Kirche im städtischen Gemeinwesen

Vor einer Erörterung der Probleme, vor die sich eine liberale Kirche im städtischen Gemeinwesen gestellt sieht, scheint es angebracht, meine Verwendung des Wortes »liberal« in diesem Zusammenhang genauer einzugrenzen. Während es meistens auf eine Kirche angewandt wird, die in ihrer Lehre liberal ist, meine ich hier die Kirche, die sich liberal zur Gesellschaft verhält. Der Liberale glaubt, gesellschaftliche Veränderung sei segensreich und sollte es sein. Dagegen steht die konservative Meinung, daß die Welt nicht sosehr neue soziale Formen, sondern vielmehr eine strengere Beachtung der alten Formen brauche. Ich glaube, daß eine Gesellschaft, um lebendig zu bleiben, die Liberalen, die verantwortlich an neuen Formen arbeiten, ebenso braucht wie die Konservativen, die verantwortungsbewußt für die alten Formen wirken. Einer Gesellschaft, in der alle Leute nur den liberalen oder den konservativen Standpunkt einnähmen, würde es entscheidend an dynamischer Spannung fehlen.

Wenn sich eine Kirche selbst als liberal versteht – in diesem erweiterten Sinne des Wortes –, stellt sie damit sofort eine besondere Beziehung zur Gesellschaft her. Die liberale Kirche ermutigt bei ihren Mitgliedern ein verantwortungsbewußtes Interesse an gesellschaftlichen Veränderungen, und zwar überall auf der Erde und zum jetzigen Zeitpunkt; sie wird unvermeidlich irgendwie in die Politik hineingezogen; sie kann dann nicht mehr alle Mitglieder in dem Gemeinwesen, zu dem sie gehört, an sich heranziehen. In unserer heutigen Gesellschaft ist eine Kirche, die eine ausgesprochen liberale oder eine ausgesprochen konservative Einstellung vertritt, für diejenigen interessant, die über ein gewisses Maß an begründeten Kenntnissen der Verhältnisse verfügen und eine Erörterung dieser Verhältnisse als inhaltliche Substanz von Predigten, Gesprächen und Studiengruppen wünschen. Das wiederum begrenzt noch einmal die potentielle Gemeinde auf diejenigen, denen es liegt, ihre kirchliche Zugehörigkeit mit dem Einsatz ihres Verstandes für wesentliche Gegenwartsfragen zu verbinden. Eine solche Kirche braucht Geistliche von gebildeter Herkunft und zeitzugewandtem Interesse für allgemeine Angelegenheiten, was für eine Kirche, die in Gegenwartsfragen nicht Stellung bezieht, nicht nötig ist. Da man von den Geistlichen wie von den Laien einer liberalen Kirche erwarten kann, daß sie intellektuell eingestellt sind, werden Leute, die weder die Vorbildung für, noch ein Interesse an der Diskussion von Gegenwartsfragen haben, von entsprechenden Veranstaltungen kaum angezogen werden.

Nach meiner Meinung können wir also voraussetzen, daß sich der Kreis aktiver Mitglieder in der liberalen Kirche aus Leuten zusammensetzt, deren intellektuelles Interesse am gesellschaftlichen Wandel sich mit einer bestimmten religiösen Motivierung verbindet. Wenn sich also die Gemeinde auch selbst für frei von intellektuellem oder gesellschaftlichem Snobismus irgendeiner Färbung hält, wird sie dennoch aus Leuten bestehen, die bei den religiös eingestellten liberalen Intellektuellen innerhalb der gebildeten Schichten unserer Gesellschaft zu finden sind. Es mag Versuche geben, die engen Grenzen der Zugehörigkeit durch die Aufnahme von Angehörigen der Minderheitengruppen auszugleichen – die gleiche Bildungsvoraussetzungen mitbringen – oder durch besondere Möglichkeiten zur Teilnahme, die Frauen, Jugendlichen, Ausländern eingeräumt werden. Oberflächlich gesehen, könnte das den hohen Grad an Selektivität ausgleichen, doch die Selektivität bleibt. »Wo immer man Unitarier findet, stößt man auf intelligente, gebildete Leute«, gehört zu den bezeichnenden Klischees. Der aussondernde Charakter des Eigenverständnisses stellt die liberale Kirche als Ganzes vor Probleme. Jede Institution oder Organisation in der gegenwärtigen Kultur wird, wenn sie in irgendeiner Weise exklusiv ist, zum Ziel der Kritik, und zwar aus Gründen, die der Liberale von heute mindestens im Prinzip gelten lassen muß. Beim gegenwärtigen Kampf um die rassische Integrierung werden die meisten Gruppen, die sich nach gleicher Herkunft oder gemeinsamen Interessen zu organisieren versuchen, angegriffen. Eine Institution, die ihrem Wesen und ihrer Zielsetzung nach große Teile der menschlichen Rasse ausschließt, muß versuchen, das auf deutliche Weise wieder auszugleichen. Wenn die *American Association of University Women* Graduierten aus nicht anerkannten Colleges den Zutritt verweigert – wie sie es tun muß –, dann hat sie sorgfältiger in der Behandlung der Graduierten aus allen anerkannten Colleges vorzugehen, welcher Rasse, Religion, Klasse sie angehören mögen, als ein weniger exklusiver Verband es nötig hätte. Tatsächlich läßt die *League of Women Voters* Männer zu. Männerclubs werden leerer zugunsten von Vereinigungen, die Frauen und Kinder zulassen. Dieser ständige beharrliche Druck in Richtung der egalitären Nicht-Exklusivität bringt die liberale Kirche mit ihrer durch die intellektuelle Einstellung entstandenen Selektivität in eine sehr schwierige Lage.

Ein großer Teil dieses Drucks stammt allerdings aus einer Haltung, die einen tiefwurzelnden Neid auf die Glücklicheren dadurch verbirgt, daß sie sich an Vokabeln wie *fair play* oder Gerechtigkeitssinn klammert. In den weitaus meisten Fällen entsprechen diese Redensarten keineswegs dem großzügigen Wunsch, die weniger Begünstigten einzubeziehen, zu schützen und zu achten, sondern eher der verzweifelten Entschlossenheit, das Auftreten weiterer Privilegierter zu verhindern. Ich habe ein anschauliches Beispiel dieser Haltung vor einiger Zeit erlebt, als ich als moralisches Exerzitium vorschlug, die Probleme des Luftschutzes unter dem Gesichtspunkt der Überlebenschancen für die ganze menschliche Rasse zu erörtern. Ich schlug vor, zu diesem Zweck eine repräsentative Auswahl jung verheirateter, noch kinderloser Ehepaare aus allen Nationen in wechselnden Gruppen in sicheren Bunkern leben zu lassen. Obwohl ich dabei unterstrich, daß damit ein echter Querschnitt erreicht werden solle – nach Sozialschicht, Rasse, Intelligenz und Glauben –, hat mein Vorschlag öffentlich und privat in Amerika nur zweierlei Antworten gefunden. Die Liberalen, die das Wort Bunker zur Beschwörung des Bösen an sich machten, lehnten den Vorschlag heftig ab. Die Nichtliberalen erörterten überhaupt nur einen einzigen Punkt: Es sei unfair, nur eine Gruppe zu retten. Sie gingen noch weiter und verkehrten das, was ich gemeint hatte, in ein Programm zur Rettung einer Elite – es wurde nun als eugenisches Programm verstanden. Sie fragten im Grunde immer nur das eine: »Wird irgend jemandem anderen eine bessere Aussicht auf Rettung verschafft als mir und meinen Kindern? Dann ist es falsch, und ich bin dagegen.«

Auf die Gefahr hin, den Zorn der Liberalen zu erregen, behaupte ich, daß die Forderung nach Chancengleichheit, sofern damit einfach nur der Abbau von Vorrechten gemeint ist, sich selbst mattsetzt und die Bevorrechteten um die Möglichkeit bringt, verantwortlich am Dasein der weniger Bevorrechtigten teilzunehmen.

Der Unterschied zwischen einem Gleichheitsprinzip, das einfach das Vorrecht abschafft, und einer Haltung, die noch einige Möglichkeiten zu größerer Verantwortung beibehalten will, läßt sich an dem Unterschied in der Einkommensteuerpraxis der Vereinigten Staaten und Großbritanniens anschaulich machen. Das amerikanische Gesetz macht es den Reichen – bei einer lächerlich geringen Abgabe pro Dollar – sehr leicht, für Ausbildungsprogramme und Caritas zu spenden. Das britische Gesetz nimmt nicht nur höhere Prozentsätze des persönlichen Einkommens von den Wohlhabenden, sondern wacht viel argwöhnischer über jede Geltendmachung angeblicher Spenden; es bürdet dem Spendewilligen einen viel lästigeren, langfristigen Spendenplan auf. Man sollte in den Vereinigten Staaten eine Reform durchführen, die es auch Leuten mit niedrigerem Einkommen ermöglicht, freiwillige Spenden zu geben.

Doch unser Erziehungssystem hat auf die Forderung nach mehr Ausbildung für die Kinder der Ungebildeten mit einer Senkung des Erziehungsniveaus geantwortet – im Gegensatz zur Sowjetunion, deren egalitäre Ethik die Vorrechte des Adels für Bauern und Arbeiter verlangte und darauf bestand, daß die Kinder der ungeschulten Schichten die bisher den Bevorrechtigten vorbehaltene Ausbildung erhielten. Durch die in den Vereinigten Staaten praktizierte Lösung verlieren alle miteinander, denn wer die weiterführende Schule besucht, erhält eine weniger gute Ausbildung als früher, während in der Sowjetunion jeder gewinnt. Wenn sich das Gleichheitsprinzip negativ auswirkt, beeinträchtigt es das Potential. Unter dem Zwang eines so verstandenen Gleichheitsprinzips wird die Verantwortung der Privilegierten für die weniger Begünstigten umgewandelt in eine unpersönliche, damit auch weniger zwingende Verantwortung für die Gemeindekasse, die Krankenhausverwaltung, die Wohngebietsreform, die soziale Gesetzgebung.

Angehörige einer liberalen religiösen Gemeinschaft haben es schwer, ihren Sinn für soziale Verantwortung durch unpersönliche Formen der Beteiligung zu befriedigen, die Klassen- oder ethnische Unterschiede verschleiern. Zu den wesentlichen Botschaften des Christentums gehört die von der Bruderschaft der Menschen, wie Jesus sie versinnbildlichte, als er seinen Jüngern die Füße wusch. Unter dem Einfluß der christlichen Ethik haben vornehme Damen und achtbare Bürgerinnen die Armen und Verlorenen gepflegt. Eine Anziehungskraft der christlichen Missionen lag immer in ihrer Öffnung nach allen Seiten. Wo dieses Offensein durch Rücksichten auf Rasse, Klasse oder Nationalität gestört wurde, haben weniger exklusive Religionen die Menschen an sich gezogen. In unserem eigenen Land und noch deutlicher in den Ländern des karibischen Raums wachsen die kleinen Sekten, die den Armen und Ungebildeten unmittelbar ansprechen und ihm eine Rolle in der Leitung der Kirche anvertrauen, schneller als die alten christlichen Kirchen, die klassenbewußter über die Rolle der Privilegierten in der Führung der Kirche denken.

Die liberale Kirche könnte einwenden, daß manche Leute der Kirche, die ja niemanden ausschließe, einfach fernbleiben, sie selbst also keine Verantwortung für den Anschein von Exklusivität trage. Das gleicht der Behauptung einer überelegant gekleideten Kirchengemeinde in prunkvollem Gestühl, daß sie niemanden ausschließe – wer nicht eintritt, bleibt nämlich fern, weil er sich dort unbehaglich fühlt. Die allzu elegante Gemeinde kann sich einfach kleiden und die Armen willkommen heißen. Doch eine liberale Kirche, die sich ja auf Bildung und Intellektualismus stützt, wird es schwer haben, die Ungebildeten willkommen zu heißen. Die Gemeindemitglieder können nicht einfach ihre Erziehung, ihren Sprachschatz, ihre Abhängigkeit vom geschriebenen Wort und ihre umfassende Kenntnis der Gegenwartsfragen ablegen. Es wäre viel mehr nötig als ein paar freundliche Gesten, wenn die typische Gemeinde der liberalen Kirche diejenigen, die nicht zu ihr passen, wirklich aufnehmen will.

Zur Zeit trifft diese Schwierigkeit die liberale Kirche in den »besseren« Wohngebieten neuer Vororte nicht ernstlich. In einem exklusiven Vorort kann die liberale Gemeinde die Liberalen an sich ziehen und die Konservativen und Gleichgültigen derselben Klasse und ethnischen Gruppe anderen Kirchen und Synagogen überlassen. Die Forderung, die religiösen Organisationen sollten auch für das soziale Leben der Heranwachsenden und Erwachsenen sorgen, kann bequem erfüllt werden. Niemand wird ausgeschlossen; die Summe gesellschaftlicher Betätigungen – Jugendgruppen, Bälle, kirchliche Feste – sorgt dafür, daß die eigenen Kinder die »richtige Sorte« junger Leute kennenlernen und hoffentlich auch heiraten. Exklusivität ohne Hierarchie, wie man die typische Situation in solchen Vororten charakterisieren könnte, fordert kaum das religiöse Gewissen heraus. Die Entscheidung zur Absonderung von anderen Mitmenschen war ja aus sicherem Abstand zu deren gegenwärtigem Dasein getroffen, als man sich für diesen bestimmten Vorort entschied. Und nun können die liberalen jungen Leute des Gemeinwesens alle Themen studieren, Rassenprobleme, Integration, unterentwickelte Länder, Hunger und Mangel, und was man dagegen tun kann – ohne daß sie zu einer stärkeren Verwirklichung des Gleichheitsprinzips in der christlichen Caritas gedrängt werden. Sie können Geld für die gute Sache opfern und vielleicht eines Tages in das *Peace Corps* oder das *National Service Corps* eintreten.

In solchen Vororten, wo die Selbst-Selektion der Gebildeten und Interessierten nicht allzu schwer die Gewissen belastet, können sie – wahrlich überzeugend – vorbringen, sie hätten sich zusammengefunden, um ihre besondere Fähigkeit zum Dienst an der Welt zu steigern. Sie sind bereit, über die Not des Menschen nachzudenken und mit jedem Angehörigen einer anderen Rasse zu beten; aber mit ihm in einen gleichberechtigten, längeren Dialog einzutreten, macht ihnen große Schwierigkeiten.

Es ist einer hingebungsvollen Minderheit möglich, sich von der Welt zurückzuziehen und trotzdem aus vollem Herzen, mit ganzer Seele und allem Verstand nach einem Weg zu suchen, den Mitmenschen ihr Leben zu erleichtern. Solche Minderheit kann ihren Weg im Gebet finden und klösterlich zurückgezogen leben; sie kann versuchen, die ausgeprägte Exklusivität durch gesteigerte soziale Tätigkeit auszugleichen, wie es die *Quäker* getan haben; diese Leute können im Hotelzimmer in Washington leben, für eine nationale Organisation arbeiten und praktisch nichts von ihren Mitmenschen sehen. Sie veranstalten Freizeiten in lieblicher Landschaft und richten Schulen und Colleges dort ein, wo ihre Kinder die Harmonie mit der Natur erleben.

Aber wenn wir die Art der Schranken, die den unmittelbaren Kontakt verhindern, nicht wahrnehmen, droht uns seelische Gefahr. »Langer Kontakt mit denen, deren Schicksal wir nicht verbessern können, züchtet eine Art subtiler Verachtung.« Tag für Tag an diesen Menschen vorbeizuleben – auch wenn sie, an denen wir vorübergehen, keinen Wert auf eine Kameradschaft legen, die wir ihnen sicher vergeblich anbieten würden –, prägt unserem Gesicht die Züge der Gleichgültigkeit und Unachtsamkeit ein.

Besteht ein sehr starker Gegensatz zwischen den Lebensverhältnissen der liberalen Kirchgänger und denen der Leute, die genau neben der Kirchentür wohnen, so ist diese unbehagliche Distanz unvermeidlich. Die städtische Erneuerung schreitet voran, die Verhältnisse in den neuen Wohnblocks sind schlecht, die Jugendkriminalität steigt, die Drogenabhängigkeit ebenfalls, jugendliche Rabauken gefährden die Kirche, so daß sie fest verschlossen werden muß und nicht mehr dem vorbeigehenden Fremden offensteht. Der Heimweg nach kirchlichen Abendveranstaltungen kann gefährlich werden, so daß schließlich polizeiliche Begleitung für die Gegend nötig wird. Solche Situationen sind nach meiner Meinung unhaltbar und führen in vielen Fällen zu Lösungen, die geistige Verarmung bedeuten. Oft bestehen solche Lösungen aus dürftiger Tätigkeit innerhalb des sozialen Hilfswerks für die Unterprivilegierten. Die Kirche stellt ihnen gelegentlich Räume zur Verfügung; sie unterhält vielleicht eine Beratungsstelle für Eltern schwieriger Kinder, einen Kindergarten für Kinder von berufstätigen Müttern, sie mag auch ihren Parkplatz als Kinderspielplatz für die Gegend freigeben. Doch solange nicht die Mitglieder der Gemeinde, und besonders die jungen unter ihnen, an diesen Aktivitäten beteiligt sind, ist die Grenze zwischen denen, für die man arbeitet, mit denen man aber nichts Gemeinsames unternimmt, und einem selbst unerträglich.

Die liberale Gemeinde ist in der Innenstadt in einer viel schlimmeren Lage als im Vorort. Eine Kirche, die sich automatisch an die Gebildeten wendet, gerät in eine seltsame Situation, wenn ein paar Häuserblocks weiter die Bedürftigen, die furchtbar Armen, die Besitzlosen leben. Kein Aufwand offizieller Gastfreundschaft – Einladungen, die doch nie angenommen werden – kann vor den Augen der liberalen Gemeindemitglieder die Jugendlichen verbergen, die an Straßenecken lungern, den Ausgestoßenen, der betrunken in der Gosse liegt, die ungepflegten und ängstlichen Kinder. Die Kirche in der Stadt kommt nicht auf bequeme Weise um eine Überdenkung ihrer Haltung herum, wenn sie versucht, die Distanz aufrechtzuerhalten, und trotzdem behauptet, sich den Interessen der großen Masse von Besitzlosen zu widmen, die mehr und mehr die Bevölkerung der Städte bilden.

Das Problem wird noch schwieriger für Gemeinden, die von der Führung durch den Geistlichen sehr abhängig sind. Sie sind viel weniger fluktuationsfähig als andere, die sich auf Liturgie und Gottesdienst stützen. Kirchen dieses zweiten Typs finden, wenn die alten Gemeindemitglieder fortziehen und die Umgebung sich verändert, in der neuen Bevölkerung viele neue Gemeindemitglieder, und ihre Organisationen, die eine ganze Stadt umfassen, können einen Teil der Kosten übernehmen, wenn die neue Gemeinde zu arm ist, um sich selbst zu tragen; das Gebäude wird ständig benutzt und ist mit der Umgebung verbunden. Einer unitarischen Kirche in der Innenstadt fällt es viel schwerer, mit einem Wechsel der Bevölkerung fertig zu werden, weil ihre stark intellektuelle Gemeinde von einem bestimmten intellektuellen Führungsstil zusammengehalten wird. Sie findet nur schwer Zugang zu neuen Bevölkerungsschichten und muß versuchen, die alten Gemeindemitglieder an sich zu binden oder neue vom alten Schlag zu finden; auf keinen Fall wird sie sich an die Armen und Ungebildeten wenden, die in so erschreckend großer Zahl ringsum wohnen.

Die Situation ist kaum besser, wenn die Kirche in einer Umgebung liegt, die zum Geschäftsviertel geworden ist. Von Montag bis Freitag sind die Straßen überfüllt, am Wochenende liegen sie verlassen da. Hier ergeben sich die Probleme nicht durch die quälende Wahrnehmung des Elends neben der Tür, sondern durch die Zerstückelung des Daseins: Die arbeitende Bevölkerung kommt vielleicht wochentags zu Vortragsveranstaltungen, besucht aber den sonntäglichen Gottesdienst in den verschiedenen Vorortkirchen. Auch hier ist die Kirche, deren Gemeinde mehr durch Gottesdienst und Liturgie als durch die Gemeinsamkeit der Interessen zusammengehalten wird, im Vorteil. Wer römisch-katholisch ist, kann am Feiertag die Messe in jeder Kirche besuchen, ob sie nun in der Nähe seines Arbeitsplatzes oder seines Wohnviertels liegt, oder ob er auf Reisen ist. Hier gibt es kein Auseinanderfallen, denn die Kirche ist *eine,* wenn auch Arbeitsplatz und Wohnort nicht übereinstimmen. Doch diese Einheit besitzt die unitarische Kirche nicht; es hängt von dem jeweiligen Geistlichen ab, ob er seine Gemeinde zu einer Einheit verschmelzen kann, in der die gemeinsame, intellektuelle Lebenshaltung lebendig und entscheidend ist. Die Benutzung des Kirchengebäudes für Studiengruppen am Werktag und der Gottesdienst stellen also unterschiedliche Probleme dar, und wenn die Kirche in der Innenstadt nicht mit den Gruppen von Vorortkirchen zusammenwirkt, in denen die Leute den sonntäglichen Gottesdienst besuchen, kann die Aufteilung auf zwei Kirchen kaum günstig wirken.

Ein Schritt zur Lösung der besonderen Situation für die »werktägliche« Kirche wäre getan, wenn die Kirchen in den Arbeits- und in den Wohngebieten ein Zusammenwirken planten. Der liberalen Kirche müßte es auf manche Weise leichter fallen, Menschen innerhalb ihrer Arbeitswelt für sich zu interessieren, als dies in den selbstbewußten neuen Vororten möglich ist. Die Vorortkirche könnte ihre Tätigkeit im Sinn gesellschaftlicher Sonderinteressen fortsetzen und Ehefrauen oder Kinder oder Jugendliche zusammenführen, während die städtische Kirche in einem Geschäftsviertel sich unmittelbar an die Erwachsenen wenden sollte, werktags an die dort Arbeitenden, sonntags an eine völlig andere, aber an den gleichen Werten orientierte Gemeinde. Auf solche Weise fände auch der Besucher der Stadt, dem an der liberalen religiösen Tradition liegt, eine offene Tür.

Die städtische Kirche hat ja alle Möglichkeiten in der Nähe. In einem Geschäftsviertel kann sie viel tun, um der arbeitenden Bevölkerung religiöse Quellen offenzuhalten. Kirchen, die nur als Ort zum Beten und zum Empfang der Sakramente gedacht sind, können überall liegen. Was die liberale Kirche dagegen viel sinnfälliger anbieten könnte, wären Möglichkeiten zum Zuhören, Diskutieren, Nachdenken, zum Nachlesen und erneuten Diskutieren von Themen allgemeinen Interesses. Bei vielen Leuten, die ihre Werktage in Geschäftsvierteln verbringen und den sonntäglichen Gottesdienst in ihrem exklusiven Vorort nicht so anregend finden, wie er sein sollte, ist das Bedürfnis nach aktiver Verbindung zu Gleichgesinnten durchaus vorhanden. Ein Gemeindezentrum in der Innenstadt, das von mittags bis zwei Stunden nach Arbeitsschluß geöffnet wäre, Möglichkeiten zu billigem Essen und ausgedehnten Gesprächen böte, eine Bücherei über wichtige Themen unterhielte, in Filmen zeigte, was in anderen Teilen der Welt vor sich geht – wo man sich also aufrichtig auf Leute einstellte, die in der Nähe der Kirche nur arbeiten –, eine solche Kirche hätte eine Zukunft.

Es gibt aber auch städtische Gemeinden in verkommenen Wohngebieten mit elenden sozialen Verhältnissen. Wenn sie veranlaßt werden könnten, für die Bewohner größere Möglichkeiten der Entwicklung zu öffnen, wäre ihre räumliche Lage nicht nur erträglich, sondern ihre Angehörigen hätten Gelegenheit zu einem persönlichen Einsatz, zu dem, was die Orthodoxen gern mit dem altmodischen Begriff »Zeugnis ablegen« bezeichnen. Ihre Zugehörigkeit zu solcher Kirche wäre für sie dann realer als bisher.

Für solche Aufgaben müßten die Gemeindeglieder allerdings viel Zeit aufwenden können, damit sie nach außen wirken und unter denen tätig werden können, denen sie innerhalb der Kirche nichts anzubieten haben. Sie müssen Möglichkeiten entwickeln, um die paar eifrigen und strebsamen jungen Leute herauszufinden, die an einer umfassenderen Bildung und an mehr Verantwortung interessiert sind. Die alte Organisation des sozialen Hilfswerks – die heute in der Zeit der organisierten Caritas und des aggressiven Gleichheitsprinzips fast aufgegeben worden ist – beruhte auf einem vernünftigen Grundsatz. Um jungen Leuten im Elendsviertel zu helfen, die wissen wollten, wie sie aus der Beschränkung ihrer Existenz herauskommen konnten, mußten die Helfer unter ihnen leben. Solche jungen Leute brauchten mehr als einen Klubleiter am Donnerstagabend; sie mußten erfahren, wie ein Raum aussieht, in dem jemand lebt, der liest, zu seinem Vergnügen liest. Das brauchen sie aber heute auch noch. Die Bibliothek der städtischen Kirche kann ein solches Zentrum werden, wenn sie einen Ort darstellt, an dem der Geistliche und die Gruppen interessierter alter und junger Leute wirklich leben und in die Umgebung hineinwirken wollen, auf eine menschlich würdige Weise.

Das wesentliche Band zwischen den jungen Angehörigen der unterprivilegierten Schichten und denen der privilegierten wird das gemeinsame Streben sein, menschliche Solidarität, die aus dem intellektuellen Drängen nach sozialer Veränderung entsteht. Leider ist ein solches Streben nach Aufwärtsentwicklung von einer beschränkten, nicht abwägenden Sozialwissenschaft als reines Statusstreben beschrieben worden – eine kalte Unterstellung, die auch das Bemühen der Gemeindemitglieder um Verständnis für die Achtbarkeit dieses Strebens behindern kann. Allerdings stört auch ein gewisses Maß an sentimentalen Vermutungen über die angeblich größere Aufrichtigkeit und Ehrlichkeit der Besitzlosen (ein paar Monate Kontakt, und man schlägt sich den Einfall aus dem Kopf, daß Armut Gutes erzeugt).

Wenn sich eine Gruppe der Gesellschaft in einer verhältnismäßig benachteiligten Stellung gegenüber anderen Gruppen befindet, dann ist sie tatsächlich benachteiligt. Der Eskimo in seiner Schneelandschaft hatte sehr wenig von dem, was wir Wohlstand nennen, doch er war nicht arm, und er konnte stolz sein. Die Armut ist in unserer Industriegesellschaft von ganz anderer Art und muß bekämpft und vernichtet werden. Doch während man weithin zugibt, daß erst umfassende gesellschaftliche Veränderungen das Niveau erreichen können, unter das wir aus sittlichen Gründen niemanden sinken lassen dürfen, sind die individuellen »guten Werke« abgewertet worden, zusammen mit dem Menschen, der seine Zeit hingibt, um das Schicksal eines einzigen Kindes oder Heranwachsenden zu verbessern. Rein private gute Werke werden in die altmodische Kategorie der »guten Fee« verwiesen. Und doch war es das von hohen Idealen geleitete Bemühen der guten Feen – der römischen Witwen, die als erste ihre Häuser in Hospitäler für die Armen umwandelten, der Frauen wie Florence Nightingale und Jane Addams –, durch die das soziale Gewissen geweckt und die soziale Gesetzgebung schließlich veranlaßt wurde.

In der liberalen Kirche verfügen die Gemeindemitglieder weniger über Geld als über andere Reichtümer, die sie mitzuteilen haben. In jedem Elendsgebiet mit überfüllten Schulen, geplagten Lehrern, unzureichenden Lehrmitteln gibt es junge Menschen, die nach mehr Wissen hungern und dürsten, nach einem intellektuellen, künstlerischen und wissenschaftlichen Dasein. Sie suchen die öffentlichen Büchereien auf und nehmen sich Bücher heraus. Sie greifen zu Keats und zu Gerard Manley Hopkins, mit dem sicheren inneren Gefühl, daß sie ein angeborenes Recht auf diese Bücher haben. Sie nehmen das Chemiebuch für ein College in die Hand, brüten darüber, haben aber in ihren engen Wohnungen keine Möglichkeit zum Experimentieren; niemand gibt ihnen einen Bastelkasten für Chemie; die Chemiesäle in den Schulen, oft genug von randalierenden Horden verwüstet, werden nach den Unterrichtsstunden abgeschlossen.

Es gibt keinen Ausweg für die jungen Leute, wenn er ihnen nicht von einzelnen Menschen gewiesen wird. Es gibt nur eine Möglichkeit, zu entdecken, was Bücher bedeuten: Man muß

Leute kennen, die lesen. Der einzige Weg, um zu erkennen, wie sich tiefe religiöse Hingabe und das brennende Verlangen nach einem besseren Leben für die Menschen vereinen lassen – nämlich durch vermehrtes Wissen über die Art, wie die Welt organisiert ist –, führt über die Bekanntschaft von Menschen, die sich solcher Tätigkeit gewidmet haben. Der unmittelbare Kontakt wird wertvoller – und nicht etwa unwichtiger –, je komplizierter die Welt wird.

Die liberale Kirche steht vor der Wahl: Isolierung in einer Einklassen-Gegend; Konzentration stärker auf das Arbeitsleben statt auf das Privatleben der Leute; unmittelbare Teilnahme von Person zu Person am Leben der Unterprivilegierten, wo die Kirche in ihrer Nachbarschaft liegt.

In der Geschichte der Kirche sorgte die Gründung der Orden für die unterschiedliche Art der Berufung und der Zielsetzung; jeder Orden konnte nach seiner eigenen Regel, selektiv und exklusiv, leben, konnte sich ganz und gar den guten Werken widmen, bei denen ein Mensch dem anderen half. In unserer heutigen zersplitterten Welt müssen solche einander ergänzenden und keineswegs ausschließenden Tätigkeiten von den verschiedenen Kirchen getragen werden, wenn sie auch durch Dogma und Praxis voneinander getrennt sind und oft genug im sozioökonomischen Bereich voneinander abweichen. In dem Maß, wie die Mitglieder einer Kirche eine religiöse Gemeinschaft zu werden versuchen, erhebt sich die Forderung, daß die Kirche den ganzen Menschen und alle Menschen entwickelt und allen dient. Alle Vernunftgründe, die für die Konzentration auf eine bestimmte Art des Gottesdienstes und einen bestimmten Typ des Gemeindemitglieds sprechen, sind dieser Forderung im Wege. Nur eine christliche Kirche, die Platz für jeden Stil des Gottesdienstes und für jede Art von Offenbarung hätte, könnte eine Arbeitsteilung zwischen Unitariern, Universalisten, Methodisten, Prebyterianern, Quäkern, Jehovas Zeugen, Römisch-Katholischen und Griechisch-Orthodoxen geistig vollkommen erträglich machen. Alle Zwischenlösungen sind Flickwerk und Notbehelf, aber notwendig, wenn nicht eine Generation abgeschnitten von den Wurzeln geistigen Lebens aufwachsen soll.

Religion in Synthese mit der Wissenschaft

Während die Wissenschaft die furchtbaren Folgen des gestörten Gleichgewichts in der Natur als Ergebnis des technischen Fortschritts und der Bevölkerungsexplosion in den letzten fünfzig Jahren beschreibt und Politiker Pläne ausarbeiten, diesen verheerenden Auswirkungen der modernen Gesellschaft zu begegnen, sieht sich die Jugend nach Vorbildern um für ein anderes Verhältnis zwischen Mensch und Natur, für eine neue Art, den Menschen in der Natur zu sehen und nicht mehr im Kampf gegen die Natur. Die jungen Leute haben sich asiatischen Religionen zugewandt, in denen die Lehre von der Wiedergeburt auch die allerkleinsten lebendigen Wesen zu höherem Rang erhebt, weil sie die Verkörperung von gewesenen oder künftigen menschlichen Seelen sein können; sie interessieren sich für Afrika, wo Fruchtbarkeit des Bodens und Fruchtbarkeit der Lebewesen zusammenhängen und an die Vorfahren gebunden sind; für die amerikanischen Indianer, deren weise Männer einst entsetzt auf die europäische Landwirtschaft reagierten, weil sie Mutter Erde das Haar abschnitt oder tief in ihre Brust grub.

In dieser Weg- und Rückwendung auf der Suche nach Vorbildern erkennen wir zwei Entwicklungsmöglichkeiten: einmal die Entwicklung einer eklektischen weltweiten Ethik des Bewahrens, die nicht nur jene jüdisch-christliche Vorstellung einschließt, daß dem Menschen die Herrschaft über die Natur verliehen ist, daß er also als ihr Hüter heute noch an der Schöpfung teilnimmt, sondern auch die Gedankenwelt der anderen Kontinente; die andere, zweite Möglichkeit wäre eine ganz neue Synthese zwischen Religion und Wissenschaft.

Eine solche Synthese würde unser gesamtes, weitverzweigtes Wissen über das Gewebe dieser Welt berücksichtigen. Sie würde unterscheiden zwischen jener Anwendung von Wissenschaft, die von Physik und Chemie ausgeht – wo man versucht, einen Faktor auf Kosten anderer maximal zu steigern –, und jenen Anwendungen, die sich auf die Biologie stützen, wo das Optimale und weniger das Maximale gesucht wird. Diese Synthese sollte berücksichtigen, daß der Mensch, wenn er sich von einem Teil seiner selbst entfremdet und seine Vernunft und seine oft kleinlichen Zwecke über die intuitiven, ihn mit seiner biologischen Vergangenheit verbindenden Fähigkeiten setzt, sich dann tatsächlich von der übrigen natürlichen Welt trennt. Auch die Einsicht, daß bei dem hohen Grad an Individualisierung fast jeder gereifte Mensch eine besondere Version, fast eine eigene Spezies der gesamten Umwelt darstellt, müßte berücksichtigt werden.

Wenn man den Ort des Menschen in der Welt der Natur richtig bestimmt, müßte sich vieles in unserem Denken über die Gesellschaft ändern. Früher haben wir uns vorgestellt, wie der einzelne zur Familie, wie Familien zu Sippen, Sippen zu Stämmen oder Dörfern, Dörfer, Städte und Großstädte zu Nationen zusammenwuchsen. Es könnte aber gut möglich sein, daß wir statt dessen den einzelnen oder die Gruppe als Teil eines Sektors der alles umfassenden Umwelt begreifen müssen, im Einklang mit der Luft, die er atmet, dem Boden, über den er geht. Echtes Nationalbewußtsein, das an die Stelle des Nationalismus tritt, würde die gesamte Umwelt einschließen, die Erde, den Himmel, die Seen, Flüsse, Küsten, doch nicht als Territorium, sondern als Teil des Seins. Unsere neue Sicht auf die Erde als einen vom Mond aus erblickten Planeten – eine Insel, mit deren begrenzten Naturschätzen wir haushälterisch umgehen müssen – kann zu einem solchen Standpunkt viel beitragen.

Für solche neuen Wege des Denkens gibt es schon manche Vorläufer. Vegetariertum ist bereits ein so ehrenvoller Hinweis auf eine neue Haltung, daß man die Leute, die in der Nähe von jungen idealistischen Vegetariern leben, als »Fleischesser« bezeichnen könnte. Besondere Aufmerksamkeit, Fürsorge und Achtung werden heute den vom Aussterben bedrohten Fischen und Vögeln gewidmet, und der kühne Adler wird vielleicht eher zum schutzbedürftigen Wesen als zum anfeuernden Symbol für patriotische Aufwallungen. Im Tragen indianischer Kleidung spiegelt sich etwas von dem Interesse junger Leute an einem Symbolkreis, der sich wieder mit der Erde identifiziert; der Indianer hat ja lange mit dem Land in einer einfachen und symbiotischen Beziehung gelebt, und der Fischer gab dem Strom die Gräten seines Fisches zurück, damit er wiedergeboren werden und dem Menschen noch einmal zur Nahrung dienen konnte.

Man darf die Beziehung des Primitiven zur Natur allerdings nicht romantisieren. Indianer, die jahrhundertelang in ausgewogener Beziehung zum Wild standen und es nie ausrotteten, haben die Büffel sofort abgeschlachtet, als man ihnen Feuerwaffen gab. Mit neuen Waffen von größerer Zerstörungskraft ausgestattet, zeigten sie keineswegs mehr Zurückhaltung als der moderne Mensch, der Hals über Kopf eine ungestüme Produktion von unverrottbarem Plastikmaterial und unlöslichen Waschmitteln entwickelt hat. Der australische Eingeborene, der sein Nomadendasein an die Hygiene-Erfordernisse der Wüste anpaßte, behielt wenig von seiner Sorgfalt, wenn er sich in der Nähe großer Städte niederließ. Die Behutsamkeit des an seine Umwelt angepaßten asiatischen Bauern, der die menschlichen Abfälle wieder in den natürlichen Kreislauf zurückführte, oder des Eskimos, der Nahrung aus dem Wasser unter Tabu stellte, solange Landnahrung verfügbar war, lehrten uns, daß jede Zeit ihren eigenen Stil finden muß, sich in Beziehung zur Umwelt zu setzen.

Die neue Forderung nach Unmittelbarkeit (zum Beispiel nach Kunst, die nur für den Augenblick geschaffen wird) könnte durchaus einen technologischen Ausdruck finden und eine Gefahr unsrer Umweltzerstörung bannen: Wir könnten fordern, daß alles, was wir benutzen, eine kurze, vorher festgelegte Lebensdauer habe, daß etwa Bierbüchsen und Limonadenflaschen aus völlig verrottbaren Bestandteilen so hergestellt würden, daß sie »zum Bruder des fühllosen Felsen und der trägen Scholle« würden. Auch unsere Kleidung könnte aus einem Material hergestellt werden, aus dem man, wenn sie zerfällt – wie sie es jetzt schon tut – Stoffe für neue Kleidung gewinnt. Statt die Welt mit verbrauchten Dingen vollzustopfen, könnten wir die Forderung nach neuen Arbeitsplätzen, die unseren großen Bevölkerungsmassen Erwerb und damit Nahrung sichern, mit der Forderung nach Bewahrung des Vorhandenen und Bekämpfung der Umweltverschmutzung verbinden.

Natürlich hat der Mensch, seit er das Feuer entdeckte, das Gesicht der Erde fortwährend verändert und unter seine Kontrolle gebracht, zuweilen durch Mißbrauch und Ausbeutung, durch religiöse Gepflogenheiten oder Tabus. Aber er verfügte noch niemals über eine Macht wie heute: die Macht, alles Lebendige fünffach zu vernichten (die Unwirklichkeit der Situation spiegelt sich in dem Ausdruck »overkill« – übertöten), und die Macht, den Planeten innerhalb weniger Jahrzehnte unbewohnbar zu machen.

Die alte Geschichte von Adam und Eva, die vom Baum der Erkenntnis von Gut und Böse aßen, verblaßt vor der verlorenen Unschuld der Menschen, die nun nicht mehr nur den kleinen Flecken Waldland zerstören können, den sie als ihr Eigentum bezeichneten, und die nicht nur viele Menschen, sondern die ganze Erde und alle Menschen vernichten können. Für diesen Verlust an Unschuld und diese neue Verantwortung gibt es keine Modelle, weder bei den Primitiven noch in den alten Religionen. Wir werden uns in die Richtung bewegen müssen, die Buckminster Fuller angegeben hat: auf die Verantwortung des Menschen hin, die ihm aus der Tatsache zugewachsen ist, daß er die höchste Fähigkeit verkörpert, das uns bekannte Weltall mit sinnvoller Ordnung zu erfüllen. Wir brauchen ein religiöses System, in dessen Kern die Wissenschaft einbezogen ist, damit der überlieferte Gegensatz zwischen Wissenschaft und Religion, der sich in der schrecklichen Wahrheit unserer durch Technik verwüsteten Landschaften spiegelt, aufgelöst werden kann, und zwar in der Denkweise von morgen statt von gestern.

Die Zukunft als Grundlage für den Aufbau einer gemeinsamen Kultur

Die gegenwärtige Situation

Die Welt kämpft heue gegen viele Arten von Zerfall. Einige ergeben sich aus der fortschreitenden Aufsplitterung eines Ganzen – wie etwa der gehobenen Bildung in eine Menge getrennter Spezialgebiete. Andere stellen sich mit der Entwicklung von Weltauffassungen ein, die älteren, kraftlos gewordenen, aber noch nicht ersetzten Denkweisen parallel oder zuwider laufen. Viele Arten des Zerfalls entstehen auch aus der Gegenüberstellung von weit auseinanderklaffenden, unvereinbaren Weltbildern innerhalb eines nationalen, aber auch weltumspannenden Kontextes, den Presse und Fernsehen geschaffen haben. Im Rahmen der Vereinten Nationen steht den gerade aus ihrer primitiven Lebensweise hervorgegangenen Völkern das Stimmrecht genauso zu wie den Ländern mit jahrhundertealter hoher Zivilisation. Andere Arten des Zerbrechens von Zusammenhängen sind durch das gesteigerte Tempo des Wissenszuwachses bedingt, das unerwartete Unstimmigkeiten zwischen alt und jung hervorruft. In mancher Hinsicht kann man diese Diskrepanz auch in Beziehung setzen zu der unterschiedlichen Art und Weise, in der die neue, sich ändernde Welt von Menschen verschiedener Altersstufen – man denke nur an kleine Kinder – bei ihrer unterschiedlichen Einordnung in Welt, Nation und Gemeinwesen erfahren wird.

Die Diskussion über diese schlimme Zersplitterung und die Zusammenballung von teilweise unzusammenhängenden, historisch unvereinbaren und begrifflich nicht einheitlichen Modellen ist vielfach zu eng und kleinlich geführt worden, oft nur im Rahmen bestimmter Gruppeninteressen. Das gilt auch für die Diskussion über die »zwei Kulturen«, zu der weder Kunst noch Sozialwissenschaften herangezogen wurden und die im Grunde nichts anderes ist als ein Klagelied über die schwierige Kommunikation in einem kleinen Sektor der englischsprachigen Welt; ihre Bewohner halten sich aus verschiedenen Gründen, sei es wegen ihrer Position, sei es wegen ihrer Leistung, für eine Elite.

In anderem Zusammenhang wurde gefordert, daß die Lehrbücher für die Kinder die Verhältnisse »realistisch« schildern sollten, weil das konventionelle Bild des Wohnens, wie es sich in Anzeigen und Schulbüchern spiegelt, für Kinder aus Elendshütten und Mietskasernen unrealistisch sei. Wenn man damit auch beabsichtigte, die Folgen gesellschaftlicher und wirtschaftlicher Unterschiede auf einer Stufe auszugleichen, so würde eine buchstäbliche Erfüllung dieser Forderung das Problem doch nur auf eine andere Ebene verlagern. Wohin wir uns wenden, finden wir kleinkarierte Feststellungen, von denen jede für sich nur eine gesonderte Definition für das grundlegende Problem des Zerfalls darstellt; in ebenso homöopathischen Dosen macht man sich an Lösungen, von denen jede einzelne wegen des viel zu engen Rahmens, in dem sie gesehen wird, nur neue und noch kompliziertere Schwierigkeiten hervorruft.

Dennoch weisen alle diese Teildefinitionen und Ansätze zu Lösungen in dieselbe Richtung: Es wird uns überdeutlich klar, daß wir eine neue Kultur aufbauen müssen, in der die Kommunikation besser ist, eine Kultur, in der die untereinander zusammenhängenden Ideen und Vorstellungen so ausreichend verbreitet sind, daß die Spezialisten eines Fachs mit den Spezialisten anderer Fächer sprechen können, Spezialisten aber auch mit Laien; daß Laien Spezialisten Fragen stellen können und auch der am wenigsten Gebildete durch die politische Wahl an Entscheidungen teilhaben kann, die notwendig werden durch wissenschaftliche oder philosophische Prozesse, die neu, kompliziert und schwer verständlich sind.

Die Modelle wechselseitiger Kommunikation sind zwar sachlich noch nicht genügend unterbaut, aber durch die Bedeutung, die ihnen die Historiker beilegen, höchst anschaulich geworden – Modelle, die wir in der Vergangenheit, in unserer eigenen Überlieferung finden. Eines, von dem schon unterschiedlicher Gebrauch gemacht worden ist, ist die griechische Stadt, wo der Gebildetste und der einfachste Mann dieselbe Aufführung eines Dramas erlebten; ein anderes Modell, das gerade jetzt wieder viel

Beachtung findet, ist das mittelalterliche Europa, wo der Denker und der Ritter, der Handwerker und der Leibeigene ein ganzes Weltbild aus Mosaiken an der Wand ablesen konnten, aus der Malerei über dem Altar, dem Relief über der Tür. Und alle, wie fern sie sich im Leben auch standen, konnten sich innerhalb dieser Sinngebung miteinander verständigen. Solche Modelle findet man nicht nur in ferner Vergangenheit; noch im viktorianischen England war Leuten von verschiedenster Herkunft ein Gedicht verständlich wie Alfred Tennysons *Locksley Hall* (1842), in dem es heißt: »Doch ich weiß, daß eine Absicht wirksam ist durch alle Zeiten, und der Sinn des Menschen wird sich mit dem Lauf der Sonnen weiten.«

Ob diese einheitliche Kultur, die wir rückblickend für diese goldenen Zeitalter annehmen, wirklich bestanden hat, ist wissenschaftlich bedeutsam; doch wenn sie als Modell dienen soll, ist die Frage nach ihrer Realität weniger wichtig. Denn der Tagtraum oder die Vision, ob von einem Propheten in kommende Zeiträume verlegt oder von einem Gelehrten im Rückblick erkannt, kann der Welt immer noch als Modell für die Zukunft dienen. Vielleicht hat der Mensch tatsächlich niemals die Einheit besessen, die einige Gelehrte für ein Kennzeichen Athens im fünften Jahrhundert halten, doch diese Vision ist eine Herausforderung an die modernen Menschen, die so viele Möglichkeiten haben, die Richtung, die ihre Kultur nehmen soll, zu überdenken und zu beherrschen.

Doch all diese Vorbilder (auch viel schlichtere wie etwa der einfache amerikanische Pionier, der – in Handgewebtes gekleidet und nach der King-James-Fassung der Bibel erzogen – von einfacher Nahrung und einfachen Tugenden lebte) haben eines gemeinsam: In jedem Fall ist das, was die Einheit bewirkt, ein Schatz der Vergangenheit. Die Epen Homers, die konfuzianischen Klassiker, die jüdischen und christlichen heiligen Schriften, sie alle verschafften dem Gelehrten wie dem Mann von der Straße, dem Dichter und dem Politiker Zugang zu einer gültigen Aussage über die Welt, und deshalb wurden sie zur Quelle der Integration. Und das gemeinsame Verständnis für neu Geschaffenes – Gedicht, Drama, Gesetz, Skulptur, Landschaftsgestaltung, Lied – hing immer noch von dem ab, was in der Vergangenheit vollendet worden war. Heute wird überall geklagt, daß uns eine solche Quelle der Integration fehlt, und manche Maßnahmen, denen man zutraut, daß sie eine neue Ordnung in das Denken bringen könnten, sind als ein solcher Schatz an Substanz gedacht. Da gibt es zum Beispiel den Vorschlag, alle Studenten in die Geschichte der Wissenschaften einzuführen, um jedem von ihnen den Zugang zur wissenschaftlichen Weltsicht zu verschaffen; oder den ähnlichen, alle Studenten sollten Evolution studieren, sich also das bereits vorhandene Wissen über die Entwicklung des Menschen und der Kultur aneignen als Weg zu einer gewissen Einheit, damit alle Spezialisten, gleichgültig, wie spezialisiert sie immer sein mögen, auf eine gemeinsame Substanz zurückgreifen könnten.

Doch solche Vorschläge richten sich zu sehr an der Vergangenheit aus und verlangen notwendigerweise eine sehr lange Zeitspanne, in der die gemeinsame, allgemeine Ansicht der Welt entwickelt werden müßte. In der gegenwärtigen Krise ist aber die Aufgabe, eine gemeinsame Substanz an Vorstellungen zu schaffen, zu dringlich, als daß man auf den allmählichen Fortgang der Ausbildung einer kleinen Elitegruppe an wenigen Orten der Welt warten könnte. Die Gefahr der Atomkatastrophe, die selbst dann bestehen bliebe, wenn wir alle vorhandenen Bomben vernichteten, hat eine Treibhausatmosphäre für Krisen geschaffen, die zu rascher Lösung unserer Probleme zwingt und zu gleicher Zeit jede Lösung unwirksam macht, die mit diesem Gefühl von Dringlichkeit nicht rechnet. Denn mit der Notwendigkeit rascher Lösungen wächst auch die Nervosität derer, die nach ihnen suchen, und diese Nervosität könnte ein Begleitumstand werden, der zu übereilten, unangemessenen Lösungen verführt. Eile in der Ausarbeitung neuer Lösungen ist lebenswichtig, wenn sich nicht neue und schlimmere Diskrepanzen vollziehen sollen. Doch wir brauchen genauso dringend den richtigen, umfassenden Rahmen.

Maßnahmen der Universität zur Förderung der wechselseitigen Verständigung zwischen Natur- und Geisteswissenschaftlern, Sozialwissenschaftlern und Verwaltungsfachleuten, Juristen und Verhaltensforschern haben einen doppelten Nachteil. Sie würden sich zu langsam auswirken, und sie setzen außerdem die Hoffnung auf einen Fundus, der sich auf bereits Bestehendem aufbaut – einer Geschichtstheorie, einer Naturwissenschaftstheorie, auf einen Überblick über die bereits bekannten Tatsachen der Evolution. Da sich der Stand der Wissenschaft in der modernen Welt aber ständig wandelt, wäre ein solcher historisch begründeter Fundus schon teilweise veraltet, ehe er noch organisiert und systematisch gelehrt würde. Außerdem würde er durch diejenigen entstellt, die lehren sollten und unvermeidlich auf ihr eigenes fragmentarisches Wissen zurückgreifen müßten. Wie sich solche Zerstückelung auswirkt, erkennt man an Versuchen, Formen des neuen Wissens in der alten Bildersprache auszudrücken, was nicht gelingen kann, weil diese Bilderwelt aus einer vergangenen Welt stammt. So hat vor einiger Zeit der Bischof von Woolwich in einer Predigt ein Bild von verblüffender Zeitbezogenheit entworfen, als er die Möglichkeit des Glaubens an Christi körperliche Auferstehung zurückwies. Als er dann aber eine neue Interpretation der Heiligen Schrift vortrug, gebrauchte er das Bild von Christi Königsherrschaft, ein überholtes Bild im Hinblick auf das, was er sagte.

In den letzten hundert Jahren haben sich die Naturwissenschaftler voll Unbehagen mit dem Problem ihrer eigenen religiösen Gläubigkeit herumgeschlagen und Männer der Kirche wiederum ihre Visionen von einst umgemünzt in konkrete Bilder, um sich mit einer Wissenschaft auseinanderzusetzen, die sie nicht verstanden hatten. Naturwissenschaftler haben ihre starren Ansichten von »wahrer« Wissenschaft zu dem Unvermögen ausgebaut, das Wesen der Wissenschaft vom menschlichen Verhalten zu verstehen, und haben Studien über fragmentarische Aspekte und eine Verminderung in der Vielfalt von Varianten begrüßt. Geisteswissenschaftler haben die Verletzlichkeit und Feinheit ihrer Forschungsgegenstände durch grobe Versuche zerstört, die experimentelle Methode der newtonschen Physik nachzuahmen, statt neue Methoden zu entwickeln, nicht zu analysierende Komponenten durch Simulation zu berücksichtigen oder neue Methoden für die Auswertung der Analyse von einmaligen, komplizierten Ereignissen zu erarbeiten. Deshalb fehlt uns heute die Fähigkeit, den aus der Vergangenheit gewonnenen Fundus an Materialien zu lehren oder aus ihm zu lernen. Der Erfolg solcher Unternehmungen würde schon gefährdet durch die veraltete Ausbildung von Lehrern und Studenten, die achtzehn Jahre lang einer unzusammenhängenden, widerspruchsvollen, halb formulierten, verworrenen Ansicht der Welt ausgesetzt und durch sie geformt worden sind.

Doch es gibt noch einen ernstzunehmenden zweiten Nachteil der meisten jetzigen Versuche, gegenseitiges Verständnis zu schaffen. Er liegt in ihrem Mangel an Allgemeingültigkeit. Ob sich der Zugang zum Wissen der Vergangenheit auf die englischsprachige Welt beschränkt, ob er die ganze euro-amerikanische Tradition einschließt, bei den Griechen ansetzt oder in der Steinzeit: Jede Annäherung beginnt immer bei einem Sektor der Weltkultur. Unvermeidlich muß jede auf die Vergangenheit gerichtete Auffassung von einem Teil der menschlichen Überlieferung – wegen der geschichtlichen Getrenntheit der Völker und der Vielfalt der Kulturen – andere Teile ausschließen, und sowie sie einen Aspekt des menschlichen Lebens betont, wird sie den Zugang zu anderen begrenzen.

Bei den neu erwachten Nationen zeigen sich deutlich die Folgen der Bemühungen, mit denen koloniale Erzieher versuchten, diesen Völkern einen Anteil an der englischen oder französischen, der belgischen oder spanischen Kultur zu verschaffen. Es klingt wie Ironie: Je mehr sich die kolonialen Erzieher bemühten, wenigstens ein paar Angehörige einer asiatischen oder afrikanischen Gesellschaft an ihren eigenen Traditionen und ihrer eigenen Klassik teilhaben zu lassen, um so schärfer fühlten die Betroffenen ihren Ausschluß von einer umfassenden Teilhabe an jener Kultur als Ganzem. Für den klassischen europäischen Gelehrten existierte Afrika nur in wenigen speziellen historischen Zusammenhängen, und Jahrhunderte hindurch kümmerten sich europäische Studenten nur um die Teile Asiens und Afrikas, die für die griechische und die römische Kultur und für das frühe Christentum von Belang waren. Alle diese Jahrhunderte hindurch lebten die Völker ohne schriftliche Überlieferung und Völker mit besonderer Schrift und Literatur (wie Chinesen und Javaner) ohne Beziehung zu Europa. Nach der Ausweitung der europäischen Welt im fünfzehnten und sechzehnten Jahrhundert behandelten die Europäer die Völker, die sie »entdeckten«, als Völker ohne Vergangenheit; davon ausgenommen waren der europäische Kunstkenner, der ihre Kunstwerke und archäologischen Ruinen kennengelernt hatte, und später die Gelehrten, die an der Geschichte anderer Völker nur ihre eigene Vorstellung von der menschlichen Geschichte demonstrierten. Je stärker ein Angehöriger jener Völker, die erst spät mit Europa in Berührung kamen, von der französischen und englischen Auffassung der kulturellen Entwicklung geprägt worden war, um so schärfer empfand er auch, daß seine eigene Kulturgeschichte aus der Geschichte der Menschheit ausgeklammert wurde.

Gewiß hat man einige heldenhafte Versuche gemacht, diese koloniale Tendenz zu korrigieren. Schon ein Kind kann heute auf eine synchrone Zeittafel blicken und feststellen, was die Chinesen oder die Maya oder die alten seefahrenden Leute von Hawaii taten, als Wilhelm der Eroberer in England landete. Doch fast unvermeidlich wird diese sorgsam erstellte Überschau, die in parallelen Spalten die Ereignisse in den verschiedenen Teilen der Welt aufführt, wieder unwirksam, wenn man einsehen muß, daß die Alte und die Neue Welt, das asiatische Festland und die pazifischen Inseln im Jahre 1066 keineswegs bewußt zusammengehörten und daß die Daten und sogar die Form des Datums von einer einzigen Überlieferung und sogar von einer religiösen Gruppe innerhalb dieser Überlieferung geprägt worden sind. Es ist so gut wie unmöglich, über die Vergangenheit des Menschen – die Wanderungen der ersten Menschen, den Bau der ersten uns bekannten Städte, die Verbreitung von Handwerk und Kunstformen, die Entwicklung von Arten der Weissagung und Symbolik – zu schreiben, ohne darauf hinzuweisen, daß der Geist des Menschen zu verschiedenen Zeiten an verschiedenen Orten blühte, und zwar immer und immer wieder, in großartiger Isoliertheit. Sogar in diesem Jahrhundert haben die Bemühungen der Gelehrten, die noch lebendigen großen Traditionen der Welt zusammenzuschließen, am Ende zu erneuter Beschäftigung mit jeder einzelnen als einem geschlossenen Ganzen mit eigener langer Geschichte geführt.

Doch wenn wir heute den Beginn einer gemeinsamen Kultur setzen wollen, müssen wir die uns zur Verfügung stehenden Mittel einsetzen und im vollen Bewußtsein der Gefahren wie der Möglichkeiten die Eigenschaften bezeichnen, die der immer noch nicht vorhandene Fundus haben muß.

Er muß sich für alle Völker eignen, gleichgültig, wo ihre jetzige Lebensweise ihren Ursprung hatte, und darf nicht diejenigen bevorzugen, deren Überlieferungen durch eine ältere oder ausgeprägtere Bildung getragen werden. Während die, deren Kultur vor Jahrhunderten einen Shakespeare und einen Dante hervorgebracht hat, schon an sich reicher sind, dürfen die Kommunikationen nicht so mit Verweisen auf Shakespeare oder Dante beladen sein, daß die Leute ohne solches Erbe nicht daran teilhaben können. Ebenso darf ein besonderer Reichtum an verbaler Nuancierung für das Detail des Wahrgenommenen – wie er die Dusun von Borneo und die Hanunoo auf den Philippinen auszeichnet – nicht dazu benutzt werden, weniger differenzierte Systeme grob erscheinen zu lassen. Ob die Schrift seit einer Generation, einem Jahrhundert oder einem Jahrtausend beherrscht wird, muß so berücksichtigt werden, daß sämtliche Völker die Möglichkeit haben, die gegenseitige Kommunikation auf annähernd gleicher Basis aufzunehmen. Keine einzelne geographische Lage, keine überkommene Sicht auf das Universum, keine besondere Reihe von Sprachfiguren, durch die eine Überlieferung geformt worden ist, eine andere aber nicht, kann eine zulängliche Grundlage bilden, denn sie muß so beschaffen sein, daß jedermann, wo er auch lebt, ganz von vorn damit beginnen kann, wie es das kleine Kind tut, mit einem aufnahmewilligen, nicht durch bruchstückhaftes früheres Lernen belasteten Geist. Der Zugang darf nicht von jahrelangem voraufgegangenem Lernen abhängig sein, von dem Teilwissen, das sich der Hochschulstudent oder der Schüler von Lyzeen und Gymnasien und anderen höheren Schulen angeeignet hat, sondern er muß kleinen Kindern offenstehen, Kindern von Hirten, Gummizapfern im Urwald, vergessenen Kleinpächtern, Seeleuten, Fischern und Angehörigen des besitzlosen städtischen Proletariats, und zwar genauso offen wie den Kindern, deren Vorfahren seit Generationen eine der Schriften dieser Welt beherrschen.

Wenn dieser Fundus an Materialien als Grundlage für den Aufbau einer neuen Kultur alle Völker der Welt einbeziehen soll, müssen die Völker auf qualitativ gleichwertige Weise dazu beitragen. Man entgeht der Bürde aus Jahrhunderten des Getrenntseins nur dann, wenn die Produkte der Kultur sorgfältig ausgewählt werden. Kunstwerke müssen sich in ihrer Aussage an jeden wenden und Beispiele künstlerischer Betätigungen sein, die überall möglich sind – Malen, Zeichnen, Schnitzen, Tanzen und Singen in Formen, die allen verständlich sind. Erst wenn die Prägeform für das gemeinsame Verständnis entwickelt worden ist, kann der Weg für die Einbeziehung besonderer, kulturell eigentümlicher Traditionen bereitet werden. Doch die neue Kultur muß von Anfang an den Charakter einer lebendigen Tradition haben, um frei von den Erstarrungen älterer Traditionen und Formen zu sein, die in ihrer Starre kein Experimentieren mehr zulassen. Sie muß die Eigenschaften einer natürlichen Sprache haben, die durch die Bemühungen so vieler Köpfe unterschiedlicher Denkart geglättet, geschmeidig, zur Ausbreitung geeignet und so reich und biegsam ist, daß sie den Anforderungen von Lehrer und Schüler, Eltern und Kind, Freund und Freundin, Meister und Lehrling, Anwalt und Klient, Staatsmann und Volk, Natur- und Geisteswissenschaftler in ihren verschiedenen Bereichen der Verständigung entspricht. Durch die Vielfalt solcher Beziehungen bildet sich eine lebendige Sprache und wird, wenn sie durch viele verschiedene Menschen Form und Inhalt erhält, zu einem Mittel der Verständigung, das jedes Kind sich aneignen kann, wie schmal seine Voraussetzungen auch sein mögen. Dieser in Aussicht genommene Fundus darf sich aber nicht mit der kommerziell unter Verachtung des Verbrauchers produzierten Populär-Kunst der Gegenwart vermischen; sondern durch Einbeziehung der besten Köpfe, der sensibelsten und begabtesten Künstler, Dichter und Wissenschaftler sollte die neue Kultur den Perioden des Volkstums ähneln, aus denen die große Kunst immer wieder entsprungen ist.

Ein Fundus von Materialien, der diese Kennzeichen aufweist, muß von Weiterwachsen und Gebrauch geprägt werden. Doch wir brauchen ihn heute, in unserem Jahrhundert, für Kinder, die bereits geboren sind, für Menschen, die entweder die Welt für das Heranwachsen einer neuen Generation bewahren oder, wenn sie darin versagen, die erst jetzt miteinander in Beziehung getretenen Völker der Welt zur Vernichtung durch eben dieselben Mechanismen verdammen, die eine Weltgemeinschaft erst ermöglichen. Das drängendste Problem heißt also, fast über Nacht einen Fundus zu schaffen, der neue Prozesse des Wachstums ausdrückt und ermöglicht.

Mir scheint, daß wir zur Zeit genügend über den Vorgang des Bewußtwerdens wissen, um nur die richtigen Fragen stellen zu müssen, damit unser Denken die richtigen Antworten findet. Heutzutage haben Technik und technologische Anwendung der Naturwissenschaften andere angewandte Wissenschaften überflügelt, weil man auf diesen Gebieten eindringlich, scharf und zupackend fragt. Dieses Kapitel ist der Versuch, Fragen zu stellen, eine Reihe von Kriterien zu finden und zu veranschaulichen, welche Antworten wir suchen müssen. Es wird bessere Arten geben, solche Fragen zu formulieren, bessere Möglichkeiten, Kriterien zu setzen, die Antworten möglich machen. Ich glaube, daß die Schaffung eines Fundus von Materialien, der unsere Anforderungen erfüllt, von dem Beitrag und der Beteiligung derer abhängen wird, die auch sein Weiterwachsen fördern werden, also von den Menschen aller Schichten, aller Sprachen, aus allen Teilen der Welt, die das Universum in der ganzen von Menschen erfahrenen Vielfalt der Gestalten wahrnehmen.

Die Zukunft als Rahmen

Ich schlage vor, die Zukunft als den geeigneten Rahmen für unsere gemeinsame weltweite Kultur einzusetzen, denn sie ist weniger durch bruchstückhafte und widersprüchliche Ansichten beeinträchtigt. Und ich möchte die nahe Zukunft der fernen vorziehen, um neue Verwirrungen möglichst zu vermeiden, wie sie sich aus den partiellen, aber eingestandenermaßen als total verstandenen Projektionen der ideologischen Überzeugungen – zum Beispiel denen des Marxismus und Leninismus – ergeben, aber auch aus einem wiederkehrenden wissenschaftlichen Dogmatismus etwa über die Möglichkeiten der Raumfahrt, den Zustand der Atmosphäre, die Entstehung neuer Mutationen. Doch die widersprüchlichen Träume des Menschen von der Ewigkeit sollen nicht angetastet werden, es sei denn, sie enthalten ein apokalyptisches Element, das auf die Zerstörung der Welt unmittelbar hinwirkt.

Mit dem Blick auf die Zukunft würden wir beginnen, auf dem Bekannten aufzubauen, wobei es sich in vielen Fällen um jüngst erworbene Kenntnisse handelt. Wir würden also ausgehen von den uns bekannten Eigenschaften des Weltalls und des Sonnensystems und von der Kenntnis unseres Platzes in diesem System; von den bekannten Lernprozessen, die uns zu weiterem Lernen verhelfen sollen; von den uns bekannten Kunstschätzen, die der künstlerische Genius des Menschen hervorgebracht hat und die eine Grundlage der Erfahrung bilden, aus der heraus künftige Künstler malen und gestalten, komponieren und dichten können; von den uns bekannten Forschungs-Instrumenten, die bereits vorhanden sind (wie Satelliten zur Nachrichtenübermittlung), und denjenigen, deren Konstruktion bevorsteht; von den uns bekannten Zahlen der Menschen, die eine uns bekannte Zahl von Sprachen sprechen und in Ländern mit uns bekannter Fläche an fruchtbarem Boden, uns bekannter Menge von frischem Wasser und unersetzlichen Naturschätzen leben; von den uns bekannten Formen, Menschen zu funktionsfähigen Gruppen zusammenzuschließen; von dem uns bekannten Stand der modernen Waffenausrüstung mit der uns ebenfalls bekannten Kapazität, alles Leben zu vernichten.

Diese unterschiedlichen Kenntnisse würden als Anfang und nicht etwa als Ende betrachtet werden, als junge, wachsende Formen des Wissens, nicht als abgeschlossene Ergebnisse, die nur katalogisiert, in Diagrammen dargestellt und auf den Seiten der Enzyklopädien verzeichnet werden müssen. Alle Feststellungen würden die Formulierung annehmen: »Wir wissen, daß es mindestens X Sterne gibt«(oder Menschen in Asien oder vorhandene Verkehrsmittel oder Formen politischer Organisation). Jede solcher Feststellungen wäre Ausgangspunkt. In diesem Sinne sollten auch die großen künstlerischen Hervorbringungen aller Kulturen herangezogen werden, nicht als großartige Früchte fremder Zivilisationen, sondern unter den neuen Verhältnissen als Startbahn, von der aus die Phantasie ihren Flug beginnt.

Die rasende, tollkühne Verschiffung der originalen Kunstwerke in Schiffen und Flugzeugen um die Welt – gleichgültig, wie zerbrechlich sie sein mögen – kann man als Vorläufer dieser Art von Veränderung betrachten: so wie die Geschichten von fliegenden Untertassen den ersten wirklichen Vorstößen des Menschen in den Raum vorangingen. Es ist, als wenn wir undeutlich erkennten, daß wir nur überleben können, wenn wir alles miteinander teilen, was wir haben, gleich zu welchem Preis, damit sich die Menschen überall auf der Erde zu einem noch unbestimmten Start in die Zukunft aufmachen. Doch wenn wir eine neue Art von Zielvorstellung erwerben könnten, brauchten wir diese unschätzbaren Dinge nicht wie die Figuren eines Traums durch die Welt zu schicken. Wir könnten statt dessen darüber nachdenken, wie wir mit unserer modernen Technik einen gesamten Kunststil zugänglich machen, statt einzelner symbolischer Exemplare, die aus dem Zusammenhang genommen sind. Jungen Malern und Dichtern, Musikern, Tänzern und Architekten kann alles Wissen zugänglich gemacht werden über Farbe und Form, Perspektive und Rhythmus, Technik und Stilentwicklung, über die Beziehungen zwischen Form, Stil und Material und die Wechselwirkungen der einzelnen Künste. Die dazu nötige Technik steht uns zur Verfügung: Wir können in Farbe fotografieren, vergrößernde Kameras auf die unzugänglichen Details in Domen und Türmen richten, die Stimme eines Dichters beim Lesen seiner eigenen Dichtungen auf Tonband festhalten, einen Künstler beim Malen filmen, durch Bild-

und Tonübertragung Menschen von einem Teil der Welt an einen ganz anderen versetzen, damit sie an der Entdeckung eines vorgeschichtlichen Siedlungsplatzes oder an der ersten Vorführung einer neuen Tanzform teilhaben. Wir können aus dem »Handschriften-Stadium« aller Künste herauskommen, was den künstlerischen Schaffensprozeß wie sein Ergebnis angeht, und wir können alles zusammen gleichzeitig jungen Menschen zugänglich machen, damit sie gemeinsam und in gleicher Richtung in die Zukunft starten können. Wenn junge Künstler die ganze Breite der Weltkunst vor Augen haben, erkennen sie die Tätigkeit, der sie sich selbst verschrieben haben, in neuem Licht, ganz gleich, wo immer sie selbst leben.

Wenn wir uns an die bescheidenen Grenzen einer Generation halten – an die nächsten fünfundzwanzig Jahre – und nicht durch Fehlberechnungen schwerwiegende Folgen herausfordern, dann können wir auch die uns bekannten Aspekte des Universums einbeziehen, in denen sich unsere fortgesetzten Vorstöße in den Raum vollziehen werden, dazu die Prinzipien, die Instrumente und das Material, die bei solchen Vorstößen angewandt werden. Den Kindern in aller Welt können genaue, greifbare Modelle unseres Wissens über das Sonnensystem in die Hand gegeben werden, Modelle der Erde, aus denen die Wirkung der Großwetterlagen hervorgeht, Modelle, die zeigen, wie das Leben auf der Erde durch Vorgänge im Sonnensystem und aus noch weiterer Entfernung beeinflußt wird. Wenn solche Modelle mit einem klaren Hinweis auf die sich weitenden Grenzen unserer Kenntnisse vorgestellt werden, würden sie die Kinder in aller Welt auf die Beteiligung an Entdeckungen vorbereiten, von denen wir wissen, daß sie kommen müssen, und helfen, neue Aspekte des noch nicht Bekannten vorwegzunehmen. In denselben Grenzen können wir unser jetziges Wissen über die Weltbevölkerung zusammenstellen, bei denen beginnend, die heute leben, bis hin zu denen, die in fünfundzwanzig Jahren leben werden. Die Erde ist gut in Karten erfaßt, und wir kennen mit einer Genauigkeit von einigen Millionen die Zahl der Menschen, die sie bewohnen, wissen, wo sie leben, wer sie sind. Wir wissen – oder haben die Möglichkeit, es zu wissen – sehr viel über die Völker der Welt. Wir wissen Bescheid über die Nahrungsvorräte der Erde und können diese Kenntnisse einsetzen zum Nutzen der ausreichend Ernährten und der Unterernährten. Wir wissen Bescheid über die Gesundheit in der Welt und können unser Wissen fruchtbar anwenden für die, die einst großen Seuchen unterworfen waren, und andere, die den »modernen« zweifelhaften Viren ausgesetzt sind. Wir können die Lebensweise von Menschen nachzeichnen, die als Kinder in Zelten aufwuchsen, in lehmbeworfenen Flechtwerkhütten, in Häusern aus Schlammsteinen, in Mietshäusern und Appartementhäusern, in Bauernhäusern, die unverändert Hunderte von Jahren bewohnt worden sind, und in den kleinen Gebäuden der modernen Vororte, in der Anonymität städtischen Wohnens, in einzelnen Villen und in den überfüllten Baracken von Flüchtlingslagern. Wir können Gesellschaftsformen beschreiben – die es heute alle gibt –, in denen sich menschlicher Zusammenhalt auf ein paar hundert Menschen beschränkt, die sich persönlich kennen, und andere, in denen sich wesentliche Bindungen auf Tausende, Millionen oder Hunderte von Millionen erstrecken, die einander nur zum kleinen Teil persönlich kennen. Früher konnten wir den Kindern im besten Falle eine Ahnung von den Maßen der Welt durch Bücher, durch das gedruckte Wort mit dürftigen Illustrationen, vermitteln, doch heute vermögen wir ihnen jede lebendige Erfahrung der ganzen gegenwärtigen Welt zu verschaffen. Und jedes Kind, wo es auch lebt, kann mit diesem Wissen beginnen und in seine Vielfalt hineinwachsen. So können Pläne für Kontrolle der Bevölkerungszahl, der Nahrung, der Eingriffe des Menschen in die Natur, Pläne zum Schutz der menschlichen Gesundheit und für die Entwicklung einer weltweiten Nahrungsvorsorge, Pläne für ein gemeinsames, weltumspannendes Kommunikationssystem zu Programmen werden, an denen die informierten Bürger durch ihre Entscheidungen teilnehmen. Nichts von diesem Wissen kann endgültig sein. Wir wissen nicht, welche Form das Wissen selbst in fünfundzwanzig Jahren angenommen haben wird, doch wir wissen, welche Quellen es in den Kenntnissen von heute hat; und wenn wir das, was uns heute bekannt ist, ordnen, schaffen wir damit eine Grundlage für die Zukunft, auf der alle Menschen aufbauen können.

Doch weil dieser Fundus von Wissen und Erfahrung sehr kleinen Kindern und Kindern sehr einfacher Eltern gelehrt werden soll, muß er in klaren und einfachen Begriffen ausgedrückt werden, wozu man jede nur mögliche graphische Darstellung heranziehen und sich eher auf Modelle als auf Worte verlassen sollte, weil in vielen Sprachen entsprechende Vokabeln fehlen. Je neuer und frischer die Art der Darbietung ist, um so größer auch die Aussicht auf Erfolg. Wie bereits bei der neuen mathematischen Unterweisung, werden dann alle Lehrer – ob sie aus der alten Tradition kommen und lange Erfahrungen mit speziellen Methoden haben oder sich neuer Möglichkeiten formaler Unterweisung bewußt sind – das lernen müssen, was sie lehren sollen. Auch die Eltern werden herangezogen werden, in gewissem Sinn als Schüler ihrer Kinder, wobei sie entdecken, daß sie ihr Wissen neu ordnen und dann mithalten können als zusätzlich Lehrende, die den Bereich von Lernen und Lehren ausweiten. Auf das Verständnis kleiner Kinder zugeschnittenes Wissen ist für alle verständlich; die Aufgabe des Aufbereitens fällt den besten Köpfen in jedem Bereich der Geistes- und Naturwissenschaften, der Kunst, der Technik und der Politik zu.

Doch es gibt eine vordringliche Frage: Wie packen wir das Problem der Beteiligung aller an? Wie sorgen wir dafür, daß dieser Fundus nicht schließlich doch nur eine vereinfachte Ausgabe des westlichen – im Grunde euro-amerikanischen – wissenschaftlichen und philosophischen Denkens, seiner Kunstformen und Verfahren ist oder daß eine noch so vielfältige Auswahl nicht doch im Rahmen westlicher Tradition interpretiert wird? Gibt es eine Möglichkeit, nicht nur die Fähigkeiten der speziell Ausgebildeten, sondern auch die noch unausgeschöpften Bildungsreserven zu mobilisieren – die Ungebildeten in den euro-amerikanischen Ländern, die Erwachsenen und die Weisen in alten exotischen Kulturbereichen und in den neu entstandenen Nationen?

Eine erste Antwort kann nach meiner Meinung durch solche Unternehmungen gegeben werden, an denen jedes Land seinen Anteil übernimmt und jeder Mensch, gleich welchen Alters und welcher Bildungsstufe, teilhaben kann. Dazu gehört etwa die Erarbeitung neuer Kommunikationsmedien; hier bieten sich visuelle Formen an, wie sie sehr einfache Völker zur Nachrichtenübermittlung oder zur Informierung eines Wandernden entwickelt haben – Möglichkeiten, die natürlich auf den Stand weltweiter Verstehbarkeit gebracht werden müßten.

In jüngster Zeit ist ausgiebig über die Notwendigkeit einer systematischen Entwicklung von graphischen Symbolen gesprochen worden, von Darstellungen also, die jeweils eine Idee ausdrücken: männlich, weiblich, Wasser, Gift, Gefahr, halt, geht, und so fort. In aller Welt werden Hunderte solcher Zeichen verwendet, vor allem für Verkehrsschilder, doch ihre Bedeutung ist oft mißverständlich und kann von Land zu Land wechseln. Wir brauchen eine international gültige Reihe solcher Symbole, die sich nicht nur auf ein einzelnes phonologisches System oder ein bestimmtes kulturelles Arsenal von Bildern beziehen, sondern universell eindeutig erkennbar sind. Bis jetzt ist allerdings weder der ernsthafte Versuch gemacht, das notwendige Mindestmaß solcher Zeichen herauszufinden, noch eine Auswahl zu treffen, die für alle Menschen in aller Welt die gleiche Bedeutung hätte, in welchem Land, in welchem Klima sie auch leben oder an welche unterschiedlichen Symbolsysteme sie auch gewöhnt sind. Ein Projekt zur Untersuchung solcher Zeichen und zu Experimenten mit ihrer Eignung ist vom Ausschuß für das Jahr der internationalen Zusammenarbeit (1965) der Vereinten Nationen gutgeheißen worden. Das Projekt sieht die Einbeziehung aller vor, denen an der Mitarbeit liegt, Erwachsener und Kinder, Künstler und Techniker, Logiker und Semantiker, Linguisten und Historiker. Denn je größer die Vielfalt der Personen und die Zahl der beteiligten Kulturen ist, um so reicher und umfassender wird das Ergebnis sein, aus dem man für den internationalen Gebrauch eine Auswahl von Symbolen treffen kann.

Da die Bedeutung vom Symbol als einem Ganzen ausgeht und die Zeichen nicht syntaktisch aneinandergereiht werden, wären alle Zeichen für alle Sprachen brauchbar. Doch gründliche Versuche müßten vorausgehen, um jede Mehrdeutigkeit zu vermeiden, die zur Verwirrung oder zu einer Adaptation an kulturell bereits festgelegte Formen führt. Wie unterschiedlich die Bedeutungen eines Zeichens sein können, sei hier veranschaulicht durch +, das in bestimmten Zusammenhängen das Zeichen für Addieren sein oder in anderen eine positive Zahl bedeuten kann, das für »Norden« oder für einen Kreuzweg stehen kann, das in einer genealogischen Darstellung eine verstorbene Person bedeutet, besonders im christlichen Bereich, oder das einfach das christliche Kreuz darstellt. Oder das Zeichen O: Es kann, je nach dem Zusammenhang, den Kreisumfang oder 360° bedeuten, kann den Vollmond bezeichnen oder eine einjährige Pflanze, kann Bogen- und Temperaturgrade bedeuten, ein Individuum, besonders ein weibliches, oder einen Organismus bezeichnen, schließlich für Null und, in unserem Alphabet, für den Laut O stehen.

Die gemeinsame Arbeit an solchen Symbolen kann zu anderen Formen internationaler Kommunikation führen: In einer Welt voller Querverbindungen brauchen wir eine Weltsprache, eine zweite Sprache also, die von allen Menschen erlernt werden kann, aber in keiner Weise ihre eigene ersetzen soll. Derzeitige Studien der natürlichen Sprachen haben unser Verständnis für die Gründe geschärft, warum die bewußt konstruierten Sprachen nicht den sehr vielfältigen Anforderungen der allgemeinen Kommunikation entsprechen. Am wichtigsten ist dabei die Tatsache, daß einer Kunstsprache die Prägung durch die vielen unterschiedlichen geistigen Richtungen und die unterschiedlich organisierten Fähigkeiten zur Reaktion fehlt, damit aber auch der Reichtum, den eine von allen Menschen zu erlernende Sprache braucht.

Ohne hier eine vorzeitige Wahl zu treffen, können wir doch einige Kriterien für eine Weltsprache, eine zweite Sprache, aufstellen: Es muß sich um eine natürliche Sprache handeln, die unter den vielen lebenden Sprachen auszuwählen ist, doch nicht unter den Sprachen von Ländern, die heute in politischen Kontroversen stehen. Die endgültige Wahl würde auch vom Ergebnis systematischer Versuche mit mechanischer Übersetzung abhängen. Außerdem wäre es wichtig, gewisse Implikationen der gegenwärtigen historischen Situation zu beachten: Es sollte sich, politisch gesehen, um die Sprache eines Landes handeln, das zu klein ist, um andere zu bedrohen. Um eine schnelle Entwicklung verschiedener schriftlicher Ausdrucksweisen zu ermöglichen, müßte es eine Sprache mit langer schriftlicher Tradition sein. Zur raschen Erlernung ist es nötig, daß ihr phonetisches System leicht von Angehörigen anderer Sprachen aufgenommen werden kann und daß sie sich außerdem leicht in phonetischer Schrift wiedergeben läßt und ohne besondere Schwierigkeiten in die vorhandenen, traditionellen Schriften übernommen werden kann. Sie sollte aus einer Bevölkerung mit großer Vielfalt an Rollen und Berufen kommen, unter denen sich besonders viele Lehrer befinden; unter diesen wiederum müßten manche sein, die schon mit der einen oder anderen der weitverbreiteten Sprachen der Welt vertraut sind. Unter Anwendung moderner Sprachlernmethoden sollte es möglich sein, in fünf Jahren eine weltumspannende Zahl an Lesenden und Sprechenden zu schaffen, und die Sprache selbst würde sich im Verlauf dieses weltweiten Lernens verändern.

Wenn es zu einer solchen Weltzweitsprache käme, könnte

der Fundus an Wissen, mit dem wir in die nächsten fünfundzwanzig Jahre gehen, aus vorläufigen Aussagen in den großen Sprachen in die Zweitsprache übertragen werden, wobei die Prägung der Gedanken durch diese Sprachen dann als Grade der Verfeinerungen wirksam würde, die in der einen Sprache vorhanden sein, in der anderen fehlen können, jetzt aber in ein neues, für die Aufnahme neuer Gedanken geschaffenes Vokabular übertragen würden.

Eine wichtige Wirkung der Weltzweitsprache läge darin, daß sie lokal begrenztere Sprachen vor einer Verdrängung durch die wenigen über die ganze Welt verbreiteten schützen würde. Man hat schon Pläne entworfen, um das Erlernen und den Gebrauch irgendeiner der fünf oder sieben weitestverbreiteten Sprachen als Zweitsprache zu ermöglichen, doch das würde schließlich nur in einem Zerfall der Weltgemeinschaft in zwei Klassen enden: Zur einen Klasse gehörten dann nämlich diejenigen, die in einer dieser Sprachen aufgewachsen sind, zur anderen alle, die sie erst lernen müßten. Außerdem würden dadurch nur bereits bestehende Schwierigkeiten erhöht, die sich aus der unterschiedlichen Qualität der Kommunikation ergeben – sie vollzieht sich rasch und idiomatisch unter den in dieser Sprache Aufgewachsenen, langsamer, förmlicher und weniger spontan aber unter denen, die Englisch oder Russisch oder Französisch erst später gelernt haben. Im Gegensatz dazu würde eine gemeinsame Weltsprache dazu beitragen, die Qualität der Kommunikation in der Welt auszugleichen, und sie würde die lokale Vielfalt der Sprachen schützen.

Ein wichtiger Aspekt einer gemeinsamen Kultur wäre auch die Einbeziehung der Erlebnisse von Leuten, die zum Studium, zur Arbeit, zur Forschung oder zum Vergnügen in andere Gebiete reisen. Zu den sprödesten Elementen unserer isolierten Kulturen gehört der Zusammenhang von Landschaft und Menschentyp – denken wir nur an Gebirge und Wüste, Dschungel und Tundra, rauschende Wasserfälle und träge ziehende Ströme unter einem Himmel, der vom Großen Bären oder vom Kreuz des Südens beherrscht wird. Die Schönheit in Gesicht und Bewegung von Menschen, die ihr Gebirge oder ihre Insel nie verlassen haben, ist zum Teil geprägt durch die vielfältige Beziehung zu Ausmaß und Proportionen, jahreszeitlichem Ablauf und Stil der Natur in einem bestimmten Teil der Welt; und die Erfahrungen von Leuten, die an eine bestimmte physische Umgebung angepaßt sind, können nicht wie die Flicken einer Flickendecke aneinandergereiht werden. Doch wer in einer Kultur aufgewachsen ist, die sich ihre Umgebung einverleibt hat, und imstande ist, den Landbewohner wie den Städter einzubeziehen, der kann scharfe und lebhafte Eindrücke liefern, von denen wir alle lernen können; es ist die Reaktion des Stadtbewohners auf das offene Land, des Einwanderers auf die Wirkung unberührter Landstriche, des Reisenden auf den unvermuteten Einblick in die Vergangenheit eines ganzen Volkes. Die visuellen Eindrücke des Neuen konnten früher nur rückblickend in Malerei und Dichtung festgehalten werden, heute aber vermitteln Filme die unmittelbare Reaktion des Betrachters, der unbefangen in die Welt nomadischer Buschmänner oder der unter dem Gebirgswall von Neuguinea lebenden Leute blickt, auf die kretischen Paläste oder den Sommerpalast von Peking,

Wir können Kindern das Gefühl für Bewegung, für Reisen vermitteln, das sie entweder wirklich oder in einem Aufschwung ihrer Einbildungskraft erleben. In den nächsten fünfundzwanzig Jahren werden wir sicherlich nicht tief in den Weltraum vorstoßen, doch eine ganze Generation, die durch das Erlebnis der Bewegung solchen Vorstoß vorwegnimmt, kann dadurch zusammengeführt werden. Wir könnten damit anfangen, daß wir Kindern den Sinn für die verschiedenen möglichen Beziehungen zu den physikalischen Räumen der Erde vermitteln; solche Beziehungen werden anschaulich in Reiseberichten und durch Kunst, Musik und Film. Wir können in kleinen Kindern die Fähigkeit erwecken, zu staunen und mit neuen Augen die vertrauten Kiefern am Horizont zu betrachten oder die See, die sich am Ufer ihrer Insel bricht.

Früher blieb es bei den Erlebnissen von Leuten, die sich Reisen leisten konnten oder durch die Kunst an Wahrnehmungen anderer teilhatten, etwa an denen des Dichters Wordsworth, die er in »The Prelude« niedergelegt hat, oder denen des jungen Wissenschaftlers Darwin auf seiner pazifischen Reise oder denen des Malers Gauguin. Bei der Technik von heute braucht es sich nicht mehr um Erlebnisse gebildeter oder bevorrechteter Leute zu handeln; der Ansporn zu eigener Erfahrung könnte hier schon im Wunsch der neu entstandenen Nationen nach Bildung liegen oder in einem neuen Bemühen um die kulturell Benachteiligten in den älteren, industrialisierten Ländern. Aus vielerlei Motiven kann es dringlich sein, die Erfahrung von ein paar Menschen für die Erfahrung aller fruchtbar zu machen.

Im Hinblick auf die Zukunft ist schon die Eindringlichkeit der Motivation ein Teil der Erfahrung. Sie kann in dem nachdrücklichen Wunsch liegen, die koloniale Vergangenheit abzuschütteln, oder im reuigen Versuch, Jahre der Mißachtung gutzumachen; sie kann auch ökumenischem Geist entspringen, wie er aus dem Ausspruch von Papst Johannes XXIII. klang: »Kein Pilger – wie fern in geographischer oder religiöser Beziehung seine Heimat auch liegen mag – soll sich künftig in Rom als Fremder fühlen.« Das Motiv kann auch der Glaube an die Möglichkeit sein, eine Gesellschaft neu aufzubauen. So sagte Martin Luther King: »Ich habe einen Traum . . . Ich hege den Traum, daß eines Tages jedes Tal erhöht und alle Berge und Hügel eingeebnet worden sind. Der rauhe Platz wird eben sein, die gewundenen Wege gerade. Und die Herrlichkeit des Herrn wird offenbar werden, und alles Fleisch wird sie gemeinsam sehen. Das ist unsere Hoffnung. In diesem Glauben gehe ich zurück in den Süden. Mit diesem Glauben werden wir imstande sein, aus dem Gebirge der Verzweiflung einen Stein der Hoffnung herauszuschlagen« (Rede beim Marsch auf Washington).

Den Glauben, daß die Menschen auf eine weltumspannende Gesellschaft hinarbeiten können, sprach U Thant im Dezember 1961 in seiner Botschaft zum Tag der Menschenrechte aus:

»Lassen Sie uns einen Augenblick innehalten und erkennen, daß niemand, kein einzelner, keine Nation und ganz gewiß keine Ideologie ein Monopol auf Gerechtigkeit, Freiheit oder Würde hat. Und lassen Sie uns diese Einsicht in Taten übersetzen, damit einfachen Menschen die Fülle und Freiheit ihres Daseins erhalten bleibt und die Bereiche des Verstehens und Übereinstimmens sich weiter ausdehnen. Lassen Sie uns heute den Wunsch wiederholen, den Rabindranath Tagore aussprach, damit die Welt in der Tat eine Welt wird,
wo der Geist ohne Furcht ist und der Kopf hoch getragen wird,
wo das Gewissen frei ist,
wo die Welt nicht durch enge Zäune aufgeteilt ist,
wo Worte aus der Tiefe der Wahrheit kommen,
wo ein unermüdliches Streben seine Hände nach der Vollkommenheit ausstreckt.«

Es gibt auch andere Wege, um Erfahrung bewußter für die

Entwicklung eines gemeinsamen Verständnisses einzusetzen. Alle Traditionen, die sich in Jahrhunderten allmählich entwickelt haben, sind durch die biologische Natur des Menschen mitgestaltet worden – durch die Vielfalt der Temperamente und Charaktere, durch die Stufen des Reifens, der Elternschaft und des Alterns, die wesentlichen Anteil an unserer Menschlichkeit haben. Die bewußte Einbeziehung des ganzen Lebenslaufs in unser Denken kann ihrerseits den Lernprozeß ändern, der in einer sich wandelnden Welt von Grund auf gespalten ist: Die älteren Generationen bleiben zurück, während man die nächste nur unvollkommen auf das Neue vorbereitet. Das hat zur Entfremdung geführt und zur Aushöhlung des Vertrauens von Eltern und Großeltern: Sie erleben, daß sich das Denken ihrer Kinder von ihnen weg bewegt und daß ihre eigenen, nun isolierten Ansichten spröde und entstellt geworden sind.

Im größten Teil der Welt ist es so, daß man die nächste – die neue – Generation erzieht und die ältere übersieht, in der falschen Hoffnung, daß man sie nur zu übergehen brauche, damit ihre veralteten Wissensformen keinen Schaden anrichten. Doch das ist ein doppelter Fehler, denn einmal trennen wir damit die neue Generation von ihren frühesten und tiefsten Erfahrungen der Kinderzeit, zum anderen lassen wir den konstruktiven Wandel der Welt blockieren durch die ältere Generation, die ja durchaus noch Macht ausübt, Schätze hortet und verschwendet, in überholtem Maßstab baut, gegen Maßnahmen stimmt, deren Notwendigkeit ihr nicht eingeht, die reaktionäre Führung unterstützt und eine ebenso starre Opposition gegen Gewalt aufrechterhält.

Früher sorgte die Weitergabe des gesamten Fundus an Wissen innerhalb einer sich langsam verändernden Gesellschaft für Kontinuität. Heute müssen wir einen Erziehungsstil schaffen, der sogar bei sehr raschen Veränderungen für Kontinuität und Aufnahmebereitschaft sorgt. Eine Möglichkeit dazu liegt in dem Versuch, Mütter und kleine Kinder in neuen Dingen gemeinsam zu unterweisen. Die Mütter sind meistens von den modernen Unterrichtsmethoden weniger erschreckt als die Väter. In manchen Ländern haben sie selbst keinen Schulunterricht gehabt, in anderen hat man den Mädchen Naturwissenschaften, Mathematik und sogar den Blick auf die Sterne vergrault. Deshalb stehen sie der Aufgabe, kleine Kinder zu erziehen, unbefangener gegenüber als diejenigen, die im Unterrichten und Anweisen ausgebildet worden sind. Im letzten halben Jahrhundert und darüber hinaus richtete sich das Kindererziehen fast ganz darauf, das emotionale Leben des Kindes zu formen, der Reaktion auf die Forderung nach Sauberkeit und Gehorsam mehr Spontaneität zuzubilligen und eine Umwelt zu erhalten, die gute Ernährung und geringe Infektionsgefahr bot. Gleichzeitig haben wir den Müttern die Erziehung auch kleinerer Kinder fast aus der Hand genommen. Es gibt also heute kein Prinzip, nach dem Mütter, Kinder und Lehrer zu einem Lernprozeß vereinigt werden könnten. Was wir jetzt überall auf der Erde brauchen, ist eine Art neuer Schule für Mütter und kleine Kinder, in der die Mütter lernen, wie sie Kinder das lehren, was weder Mütter noch Kinder wissen.

Man muß sich natürlich fragen, ob solche Pläne ausreichend anpassungsfähig sind. Bei dem Versuch, den Menschen aller Welt die neu organisierten Wege in die Zukunft gleichmäßig zugänglich zu machen – in ein Universum, in das unser Wissen rasch eindringt –, besteht immer die Gefahr, daß aus der Idee eines gemeinsamen Fundus an Wissen eine Art universales Klischee wird. Damit würden wir natürlich unsere eigenen Absichten verraten. Diese Gefahr ist so groß, daß wir in das Planen selbst schon ständiges Wachsein und Überdenken einbauen müssen, denn sonst könnte auch der beste Plan in einem geschlossenen, statt in einem offenen System enden.

Das heißt, daß wir beim Planen und in den Plänen das Ende offenlassen müssen, in der Einsicht, daß damit auch gewisse Formen von bewußten Rückschritten und bewußtem Zweifel verbunden sein werden. Wir müssen darauf bestehen, daß zu bestimmten Abschnitten des Planens Menschen aus aller Welt hinzugezogen werden, etwa bei der Entwicklung eines internationalen Symbolsystems, damit wir zu einem wachsenden und im einzelnen nicht vorauszuberechnenden Fundus kommen. Wir müssen bereit sein, beim Planen im großen Maßstab auch auf scheinbare Brauchbarkeit zu verzichten. Wenn wir aber darauf eingestellt sind, sehr viele Schritte zu tun und dabei auf Mannigfaltigkeit bedacht zu sein, sollte es uns gelingen, neue Wechselwirkungen zu schaffen, die in einem frühen Stadium noch nicht vorauszusehen sind. Ein bewußteres Heranziehen der Frauen und der Generationen von Großeltern wird eine außerordentliche Vielfalt an vorhandenen Wechselwirkungen zwischen den Charakteren, den Geschlechtern und den Altersgruppen einbringen.

Das Gelernte kann uns auch dann nützen, wenn wir die Kultur, die wir schaffen, mit einem System einander vielfach korrigierender Einrichtungen ausstatten. So könnte man Kriterien zur Überprüfung jener Unstimmigkeiten einsetzen, die sich in Vokabular und Begriffsbestimmung einstellen könnten, wenn sich eine Idee über die Welt verbreitet. Auch Anteil und Typ von Sonderentwicklungen in bestimmten Teilen der Erde könnten überwacht und Fälle von Verwässerung oder Entstellung untersucht und berichtigt werden. Ebenso ließe es sich feststellen, kontrollieren und rasch korrigieren, wenn ein Teil des Wissens überbetont würde, wenn zuviel Wert auf eine bestimmte sensorische Auswirkung gelegt würde, wenn man mehr Wert auf das Gehäuse legte, in dem der Mensch lebt, als auf die Art des Lebens, das er führt, mehr Wert auf Hygiene statt auf Schönheit, auf Länge des Lebens statt auf seine Qualität.

Ein Gebiet, um das man sich besonders kümmern müßte, wäre der Austausch zwischen all denen, die wegen ihrer Spezialisierung zur Isolierung neigen, also der Austausch zwischen Wissenschaftler und Verwaltungsfachmann, Dichter und Staatsmann, zwischen dem Wähler und dem begabten Spezialisten, der zur Durchführung seines Auftrags Berechnungen anstellen muß, die der Wähler nicht machen kann – alles aber innerhalb eines so klar festgelegten Wertsystems, daß sie beide an der Entscheidung teilhaben. Wo es um den Ursprung einer neuen Kommunikation geht – ob sie eine politische, technische oder künstlerische ist –, sollte das Funktionieren des Kommunikationsprozesses überwacht werden. Man müßte besondere Sensoren entwickeln, die beobachten, berichten und korrigieren, damit etwas, das sich zu einer unbeherrschbaren Lawine der Stümperei entwickeln könnte, in einen für Änderungen besonders empfänglichen Prozeß umgewandelt würde.

Doch immer liegt die sicherste Gewähr für Wandel und Wachstum in der Einbeziehung von lebendigen Menschen in jede Form der Aktivität. Ihr Leben, ihre Erfahrung, ihre fortwährende Reaktion – sogar ihr Widerstand – flößen jedem Plan erst Leben ein, der sonst, wenn lebendige Teilhaber fehlen, in der Schublade liegenbleibt und seine Realität einbüßt. Pläne für die Zukunft können veralten, ehe sie ins Leben treten, doch die Zukunft selbst ist immer neugeboren und wie alles Neugeborene aufnahmebereit für jede Art lebendiger Erfahrung.

Verheißung

Ich meine, wir sollten aufhören, Technologie und soziale Übereinkünfte, die sich auf die Wissenschaft berufen, als *rational* zu bezeichnen und andererseits Vorstellungen und Tätigkeiten, die von der Kunst, von den großen Religionen oder von der tätigen Hingabe der Gruppen an die Bewahrung ihrer historischen Kulturen genährt werden, *irrational* zu nennen. Denn der dadurch beschworene Zwiespalt verhindert Tiefen des Gefühls, Möglichkeiten künstlerischen Ausdrucks und das kraftvolle Handeln, das immer zur Vaterlandsliebe und zur Sorge für künftige Generationen gehört hat. Nach meiner Ansicht sollte man statt von *rationalen* und *irrationalen* Maßnahmen von *verantwortungsvollen* sprechen, wo es sich um Angelegenheiten handelt wie: Schutz unseres gefährdeten Planeten, Erreichung eines tragbaren Bevölkerungszuwachses, Reduzierung der Waffen, die durch ihr bloßes Vorhandensein das Weiterleben der Menschheit in Frage stellen. Als *verantwortungsvoll* würde ich die Anwendung der besten wissenschaftlichen Kenntnisse und der besten verfügbaren Techniken bezeichnen, aber auch die Beschwörung der tiefen Empfindung und Begeisterung, die durch die Hingabe an Familie, Heimat, Vorfahren, Nachkommen geweckt werden können; dazu gehören auch die enge und liebevolle Beziehung zu Zeitgenossen und Kollegen, die befeuernde Einsicht in die Einheit der Menschheit, die Taten, die aus der Verbindung von Wissen und Gefühl kommen. Nur so erkennen wir, daß zwischen unseren zeitbezogenen Gefühlen einer tiefen, nicht zu analysierenden Hingabe an unsere überkommene Lebensform auf der einen und der Notwendigkeit zu weltweiter Zusammenarbeit bei allgemeinen und drängenden Aufgaben auf der anderen Seite kein Gegensatz zu bestehen braucht. Wissenschaft und die auf wissenschaftlichen Erkenntnissen aufgebaute Technologie haben uns Mittel an die Hand gegeben, um dem ältesten Bedürfnis des Menschen gerecht zu werden: zu überleben, und zwar in Gruppen von identifizierbaren einzelnen, die in Jahrhunderten menschlichen Strebens entwickelte Traditionen, die Inspirationen des Genies, die Leiden und Schmerzen zahlloser Generationen verkörpern. Wir können heute die Hungrigen ernähren und die Heimatlosen beherbergen, wir können den Schlaf unserer Kinder schützen und Verhältnisse schaffen, unter denen jedes zur Welt gekommene Kind ein erwünschtes Kind ist, dem ein volles Dasein als Individuum und als Mehrer unseres kulturellen und biologischen Erbes beschieden ist. Wir haben heute die Mittel, das alles zu tun. Und mehr noch als die Enthüllung der leidenden und enterbten Menschen vor den Augen der Reichen und Behäbigen hat die Tatsache, daß wir über diese Mittel verfügen, die Hoffnung so anschwellen lassen. Aber sie geben uns ebenso Grund zur Verzweiflung, wenn wir nämlich sehen, wie Menschen unserer Länder oder anderer in ein Elend abgesunken sind, das nun nicht mehr als die unvermeidliche Folge des Menschseins definiert werden kann. In der Fieberhitze von Hoffnung, die mit Verzweiflung wechselt, genügt es nicht, zu vernünftiger Verwendung unersetzlicher Naturschätze aufzurufen, zum Schutz der Umwelt gegen nicht wiedergutzumachende Zerstörung, zur Erhaltung eines Gleichgewichts in der Bevölkerungsbewegung. Die Anerkennung, daß solche vernunftgeleiteten Aktionen nötig sind, und zwar unter Einsatz der wissenschaftlichen Entdeckungen und der modernen technologischen Möglichkeiten, genügt nicht. Was geweckt werden muß, ist eine echte Leidenschaft, die aus den tiefsten und frühesten Bindungen des Menschen stammt. Sie muß sich sichtbar, greifbar, dramatisch verkörpern als lebendiger Zeuge für das Ganze und für jeden kostbaren Teil, für jede Sprache, jede Gruppe lebendiger Menschen, die in so engen Gemeinschaften verbunden sind, daß man sie sowenig wie die Organe eines Körpers auseinanderreißen kann. Handeln wir informiert und leidenschaftlich zugleich, dann müssen wir nicht nur um das einzelne Menschenwesen, sondern um jede lebendige Gemeinschaft bemüht sein. Jedes Jahr der Erfahrung in der Bemühung, miteinander in Verbindung stehende und sich wechselseitig gefährdende Kreise einst getrennter Gesellschaften in eine weltweite Gemeinschaft zu formen, bringt uns neue Einsichten in die Aufgaben, die vor uns liegen. Wir haben den Punkt erreicht, wo jedes Land durch irgendein Unglück, das irgendeines der anderen Länder betrifft, selbst in Gefahr gerät, und wir müssen diese erschreckende gegenseitige Abhängigkeit umwandeln in eine Beziehung, die Sicherheit und Lebensfreude und Bereitwilligkeit zum Opfer bis in den Tod bietet. Das alles sind Werte, die früher innerhalb der einzelnen, isolierten Kulturen entstanden.

Ich möchte hier ein paar Wege angeben, auf denen wir nach meiner Meinung unsere Bemühungen um eine solche Weltkultur verbessern können, will aber zugleich darauf hinweisen, daß ich dabei nicht an einen Weltstaat denke; das Modell des Staates gerät unweigerlich in die Gegenüberstellung mit einem oder mehreren Staaten oder Nationen, mindestens aber führt es zu unbehaglichem Nebeneinander oder zu stummer Feindseligkeit und Rivalität. Auf unserem gefährdeten kleinen Planeten ist das Festhalten an einander entgegenstrebenden Teilen eine schlechte Lösung für das Problem des Weiterlebens. Ebensowenig sollte der in unserem Sonnensystem isolierte Planet, mag er auch nur einer unter vielen bewohnten Sternen der Heere von Milchstraßen sein, von einer Organisationsform abhängig sein, die ursprünglich als Schutz gegen Feinde entstand und die unausweichlich zum Wettbewerb um Vorherrschaft und zur Auflehnung auffordert. Ich glaube, daß wir bessere Modelle als das des Nationalstaates brauchen und auch bessere als das einer Föderation von vorher souveränen nationalen Einheiten. Doch das neue Modell muß noch entwickelt werden, in dem eher Aktionen als räumliche Einheiten – die begrenzt sind und einander ausschließen – das Prinzip für eine Ordnung abgeben, die andere Prinzipien der Verbindung und Beteiligung transzendiert. Wir haben schon zaghafte Anfänge eines solchen Netzwerks etwa in der Art, wie das System der Vereinten Nationen seine einzelnen Tätigkeitsbereiche verteilt hat, wobei die allgemeinen Bedürfnisse genauso berücksichtigt werden wie die Kapazität großer Kulturen: In Frankreich hat die UNESCO – die Organisation der Vereinten Nationen für Erziehung, Wissenschaft und Kultur – ihr Zentrum, in der Schweiz die Weltgesundheitsorganisation, in Österreich die Internationale Kommission für Atomenergie, in Italien die Organisation für Ernährung und Landwirtschaft. Sie haben die gemeinsame Aufgabe, einige der grundlegenden Bedürfnisse für die Menschheit zu befriedigen. International organisierte Wirtschaftsunternehmen und Arbeitervereinigungen bieten andere Teilmodelle für die Art, wie ein Netzwerk institutionalisierter Lösungen für die weltweiten Aufgaben errichtet werden könnte. Die Konflikte zwischen Zentrum und Peripherie, die allen gegenwärtigen Formen von Organisationen innewohnen, könnten dadurch verringert werden, daß sehr viele Zentren errichtet und über die ganze Welt verteilt werden, wobei jedes der Mittelpunkt für eines der grundlegenden Bedürfnisse der Menschheit ist, also lebenswichtig für das Ganze, aber nicht imstande, ohne die anderen, zur Lösung anderer ebenso wichtiger Aufgaben errichteten Institutionen die eigene Aufgabe zu erfüllen. Unsere politische Vorstellungskraft ist noch verdunkelt durch die historischen Modelle von Imperien, Nationalstaaten, zentralisierten, hierarchischen Bürokratien – die alle in einer Zeit entstanden, als der Planet unter viele Völker aufgeteilt war, und die nur gelegentlich miteinander in Verbindung traten. Nichts davon eignet sich heute für einen erforschten, in Besitz genommenen, gemeinsam besessenen Planeten, von dessen fortgesetzter Fruchtbarkeit, lebensspendendem Wasser und schützender Atmosphäre jeder von uns abhängt.

Ich wende mich speziellen und engeren Aufgaben zu. Nach meiner Ansicht brauchen wir eine sehr genaue Bestandsaufnahme der physikalischen Gegebenheiten, denn von genauer Vermessung hängen die Errungenschaften der Wissenschaften und der auf ihr fußenden Technologie ab: Gewicht, Länge, Volumen, Einheiten von Zeit und Raum und Einheiten für die künstlichen Konstruktionen wie Währung, Architektur und Technik. Dazu brauchen wir vor allem ein einheitliches Maßsystem, das mit seinen Sinnbildern auf der ganzen Welt gilt; es ist bezeichnend, daß auf internationalen naturwissenschaftlichen Kongressen keine fortlaufende Simultanübersetzung nötig ist, wenn weltweit anerkannte Symbole benutzt werden.

Für die Anthropologie möchte ich besonders auf die Notwendigkeit eines allgemein anerkannten geophysischen Kalenders hinweisen als Grundlage und Bezugspunkt für die sehr unterschiedlichen Kalender in den verschiedenen Kulturkreisen. Notwendig ist auch eine kulturunabhängige Terminologie für die Beschreibung der biologischen Beziehungen unter Menschen; bisher wurden sie in ethnozentrischen Abkürzungen mit Begriffen englischer Herkunft dargestellt. Das Versäumnis, solche weltweiten, von kulturellen Sonderaspekten freien Symbolsysteme auszuarbeiten, behindert außerordentlich die Verbreitung wissenschaftlicher Kenntnisse und wissenschaftlich fundierter Technologie, betont und übertreibt statt dessen die schlimmsten Seiten des Chauvinismus und belastet die Wirtschaft in manchen Teilen der Welt. Daß die Vereinigten Staaten und Großbritannien versäumten, das metrische System nach seiner Erfindung zu übernehmen, ist ein schlagendes Beispiel, ein weiteres liegt in dem beharrlichen Festhalten mancher Nationen an einer Zeitrechnung, die sich auf die Geburt eines Propheten oder auf Ereignisse der politischen Geschichte beziehen. All das kann für feierliche Anlässe im eigenen Land bewahrt werden, wie auch die archaische Technik noch in sinnvollen religiösen und politischen Riten sichtbar wird, aber daneben muß sich vor allem ein weltweites, rationales System der Terminologie verbreiten, im selben Maß, wie sich unsere Fähigkeit, unterschiedliche Aspekte der Wirklichkeit zu messen, mit dem Fortschritt der Wissenschaft von der Vermessung physikalischer Vorgänge zur Vermessung von menschlichem Verhalten entwikkelt. Jedes Jahr, in dem eine solche Rationalisierung versäumt wird, belastet die Fähigkeit des Menschen, wissenschaftliche Entdeckungen für menschliche Ziele einzusetzen.

Wir brauchen auch eine Schrift, die von den vorhandenen Sprachen unabhängig ist und kein linguistisches System aus irgendeinem Teil der Welt bevorzugt, die außerdem eine visuelle Darstellung von Ideen zuläßt; ein Beispiel bietet die chinesische Schrift, die über die Grenzen der verschiedenen in China gesprochenen Sprachen hinweg gilt. Durch das Fernsehen könnten auch komplexe Ideen in einer solchen Schrift verbreitet werden, wobei mühselige, ungenaue, annähernde Übersetzungen überflüssig würden, auch wenn es sich um Gruppen sehr unterschiedlicher Sprachen und Kulturen handelt.

Da eine solche Schrift kein einziges gesprochenes Wort kennt, müßte sie durch eine gemeinsame gesprochene Sprache ergänzt werden, die von einer wachsenden Zahl von Völkern nach und nach gelernt werden könnte. Eine solche Sprache dürfte nicht einem bestimmten linguistischen Bereich der Welt auf eine Weise entnommen werden, die einer Gruppe Vorteile verschafft; aber sie sollte sich auf einer natürlichen Sprache aufbauen, die sich in Jahrhunderten an die Bedürfnisse und Fähigkeiten der

Menschen angepaßt hat, an die der klugen und der dummen, der tiefsinnigen und der oberflächlichen, der kindischen und der senilen und sogar der wahnsinnigen, an die der Dichter, der Liedertexter und der Philosophen.

Nur durch die Entwicklung einer weltweiten Symbolkommunikation, die von jeder Sprache unabhängig ist, und einer gesprochenen Zweitsprache mit angemessener Schriftform können wir hoffen, die kleinen und weitverbreiteten Sprachen der Welt zu erhalten. Denn sonst werden die großen Sprachen miteinander um die Vorherrschaft ringen, und Völker, die eine der weniger bekannten Sprachen haben, werden auf linguistischem Gebiet zu Bürgern zweiter Klasse, weil sie immer einen Schritt hinter denen zurückbleiben, die eine der »offiziellen Sprachen« von Haus aus sprechen. Nur wenn wir auf der Entwicklung zweier solcher Kommunikationsformen bestehen, beugen wir schwerer Ungerechtigkeit und Ungleichheit vor, erhalten wir uns das kostbare Medium der intimen Mitteilung, der Dichtung, der Religion, die alle auf so viele Weisen mit der Muttersprache verwachsen sind.

Wir müssen Möglichkeiten finden, um Vergleiche zwischen den Situationen einzelner Länder oder ihrer Teile auf eine Weise auszudrücken, die weniger grob und herausfordernd wirkt als etwa die bloßen Angaben über Analphabetentum oder Bruttosozialprodukt oder Geburtenanstieg. Die Bedeutung dieser Angaben wird verschleiert, wenn sie isoliert etwas über einzelne Nationen oder Großstädte aussagen, als gehörten diese in eine hierarchische Ordnung der Überlegenen und der Unterlegenen. Wir brauchen statt dessen Angaben, in denen sich die Vielfalt einer Kultur spiegelt, etwa das Verhältnis des vorhandenen Bildungsstandes zu den Anforderungen, die an die Erziehung gestellt werden, oder Aussagen über den Einfluß, den der Bevölkerungszuwachs auf das Zahlenverhältnis zwischen Kindern und älteren Personen hat, die für die Kinder sorgen und sie erziehen müssen; auch das Verhältnis zwischen Geburtenziffer und den Naturvorräten des Landes sollten sich an den Angaben ablesen lassen. Verhältniszahlen, die unterschiedliche, in den Einzelheiten sehr differenzierte Typen inneren Gleichgewichts oder innerer Verschiebungen spiegeln, würden eine weniger prahlerische Grundlage für Vergleiche abgeben und eher die große Vielfalt als ein Klischee für technische und soziale Lösungen zeigen.

Während sich der Prozeß der Verstädterung über die ganze

Welt verbreitet und die Menschen die Isolierung des ländlichen Daseins aufgeben, das für die meisten Menschen die gegebene Lebensform bildete, seit die landwirtschaftliche Revolution ein seßhaftes Dasein überhaupt erst ermöglichte, brauchen wir neue Möglichkeiten, um die Bedeutung der kleinen, voneinander abhängigen Gemeinwesen zu sichern, die größer als eine Familie und kleiner als eine Stadt sind. In solchen Gemeinwesen können die Kinder zu vollgültigen Bürgern heranwachsen und ältere Leute wieder die bescheidenen Maßstäbe finden, die ihnen in ihrer Kindheit vertraut waren; die Heranwachsenden und die Erwachsenen, erschöpft von der Unpersönlichkeit des modernen rationalisierten Erziehungs- und Arbeitsbetriebs, können bei Anbruch des Abends zu den vielfachen Erholungen in einem überschaubaren und angenehmen, menschenbezogenen Rahmen zurückkehren. Wir haben in unserem Wunsch nach Beweglichkeit das Leben in zu kleine Einheiten aufgeteilt, in die einzelne Familie aus Eltern und Kindern, eine Einheit, die geradezu wunderbar für die Ausbeutung des Menschen durch den Menschen geeignet ist, für ein seelenloses System der Produktion und des Konsums, in dem jeder schwache kleine Haushalt von industrieller und politischer Bürokratie größten Ausmaßes abhängt. Wir müssen für die so beschleunigte Planung und Errichtung neuer und für den Umbau alter Städte neue Systeme entwerfen, in denen kleine, einander nahe Gemeinwesen aufrechterhalten werden können und wo auch das Land, die Landschaft, dem Menschen wieder zugänglich gemacht werden kann. Solche Gemeinwesen müssen nicht die Form der statischen, sich selbst genügenden Dörfer der Vergangenheit haben, wo alte Rivalitäten und alte Erwartungen die Hoffnungen des einzelnen definierten und begrenzten. Sie können offen sein und sich lieber auf freien Zusammenschluß als auf biologische Verwandtschaft oder wie in vergangenen Zeiten auf die Anforderungen des Berufs gründen und können doch die Sicherheit und Vielfalt persönlicher Beziehungen schaffen, die sich früher durch die Sippe und das kleine Dorf einstellten.

Doch so, wie wir heute den Raum neu entwerfen, um die von den modernen Verkehrs- und Kommunikationsmethoden geschaffenen Möglichkeiten zu nutzen, müssen wir auch dahin kommen, den Raum als regelnden Faktor unserer politischen Beziehungen und unserer Fähigkeit zu gemeinsamen Unternehmungen zu überwinden. Die neue Erkenntnis, die sich mit erschreckender Plötzlichkeit eingestellt hat, daß nämlich auch Wasser und Luft begrenzt sind, hat uns mit einem neuen Gefühl der Begrenztheit auch neue Möglichkeiten für den Ausschluß von Kriegen und für weltweite Zusammenarbeit vermittelt. Solange wir uns vor allem um Raum bemühten, um Errichtung und Erhaltung von Grenzen, schien es keine verläßliche Grundlage für die weltweite Zusammenarbeit von Menschen zu geben. Was eine Gruppe gewann, war unvermeidlich der Verlust einer anderen, und der Kampf um die Herrschaft über ein Territorium wogte im Lauf der Zeiten hin und her. Die Größe des umkämpften Raumes wechselte, die Natur des Kampfes nicht. Zwei Menschen können nicht auf einem Platz stehen, zwei Nationen können nicht die ausschließliche Oberhoheit über ein Gebiet ausüben. Doch heute haben Forschung und wissenschaftliche Analyse des äußeren und des inneren Raums uns ein umfassenderes Verständnis für das Wesen unseres Schutzschildes Atmosphäre und für die Bedeutung der Ozeane als Temperaturregler der Erde vermittelt; und da ist es eben diese Begrenzung, die eigentlich einen Konflikt unvermeidlich zu machen schien, die nun den Menschen für die Einsicht befreit, daß wir das lebenspendende Erbe von Wasser und Luft gemeinsam besitzen. Gerade wegen der Anfälligkeit des ganzen lebenspendenden Systems auf diesem kleinen Planeten wissen wir nun, daß wir ein gemeinsames Schicksal haben, wie es Propheten und Dichter schon immer verkündeten, wie es jetzt aber auch durch die gewissenhaft erarbeiteten und atemraubenden Fortschritte der Wissenschaft ausgesprochen worden ist.

Ohne einen Gegensatz zwischen Naturwissenschaften und der älteren, tieferen Hingabe des Menschen an Liebe, Religion, Leidenschaft, Freude, Opferbereitschaft hervorzurufen, werden diese neuen Errungenschaften gerade diese Hingabe fördern. Früher gab es nur einen Weg, um das Verbot, Angehörige der eigenen Gruppe zu töten, auf andere Menschen auszudehnen, und das war die Erweiterung der Gruppe auf Kosten anderer Gruppen, bis ungeheure Staaten mit Millionen Menschen einander gegenüberstanden, jeder bereit zum Schutze der eigenen Millionen vor den Millionen des anderen, der als Räuber oder als Beute dargestellt, jedenfalls nicht in die menschliche Bruderschaft einbezogen wurde. Heute, wo wir wissen, daß wir Luft und Wasser nicht nur miteinander teilen müssen, sondern daß sie gemeinsamer Besitz der ganzen Menschheit *sind,* stellen die alten Territorien mit ihren Ansprüchen nur den Boden dar, auf dem wir stehen, um die gemeinsame Atmosphäre und die gemeinsam besessenen Meere zu schützen und miteinander zu teilen.

Selbst wenn wir an den Unterschieden in den historischen Überlieferungen jedes Volkes festhalten, erkennen wir, daß die Vergangenheit die Völker voneinander getrennt hat, die an kleine Teile eines unerforschten und nicht erkannten Planeten gebunden waren; die Zukunft wird uns einigen, obwohl sie Neuland ist, unbesungen, nicht einer einzigen Nation zugehörig, abhängig von weltumfassender Fähigkeit, die Erde zu schützen. Die gewaltigen Fortschritte des Wissens, die außergewöhnliche Ausdehnung einer erdumspannenden Kommunikation und die Raumforschung haben scheinbar eine breite Kluft zwischen den Älteren, die noch in eine geteilte, erdgebundene, von Traditionen eingeengte Welt geboren wurden, und den Jüngeren, die mit der vom Mond aus gesehenen Erde vertraut sind, aufbrechen lassen. In diesem Augenblick, wo die Kluft sogar die Erhaltung unserer Gesellschaft überhaupt bedroht, hat indessen der Blick auf unseren kleinen und gefährdeten Planeten ein Gefühl für die Zukunft hervorgerufen, das Junge und Alte miteinander verbinden könnte. Ich halte es für möglich, die Vergangenheit zu achten, unsere eigenen und unterschiedlichen Überlieferungen zu retten, ebenso unsere Muttersprache, unsere kulturell gesonderten Kunststile und religiösen Visionen und verschiedenen Symbole, die Menschen derselben Periode verbanden und heute noch Generationen miteinander verbinden – wenn wir genügend Nachdruck auf das legen, was all diese getrennten Gruppen miteinander gemeinsam haben: eine Zukunft, der wir uns ganz widmen müssen, jeder abhängig vom anderen auf unserer kostbaren kleinen Erde.

Feiern — ein Bedürfnis des Menschen

Amerikaner, vor allem junge Amerikaner, rufen auf zu gemeinsamer Freude, gemeinsamem Feiern. Man merkt es bei Hochschulkursen, wo die Frühlings- und Pubertätsfeste primitiver Völker studiert werden, man merkt es bei den lebhaften jungen Leuten in öffentlichen Parks, die nach »happenings« Ausschau halten, oder bei einer Konferenz über Kirche und Gesellschaft, wo ein Tänzer eine Lesung aus der Bibel illustriert und wo anschließend »Ich bin der Gott des Tanzens« gesungen wird. Die Leute, die ihr love-in veranstalten oder sich mit ihrer Gitarre auf der Kante eines schweren Marmoraltars niederlassen möchten, fragen, warum es nicht noch viel mehr Feiern gibt, viel mehr frische, begeisternde Gruppenerlebnisse.

Der Wunsch ist vorhanden, es fehlt nicht an Phantasie. Doch vielleicht gibt es ein noch nicht erkanntes Hindernis für die Ausarbeitung einer beständigen und befriedigenden Form dieser so ernsthaft und so lautstark geforderten Veranstaltungen. Den engen kulturellen Mauern, die uns einschließen (und die auf Kopf-Anrennen, Auf-die-Brust-Schlagen und Wehklagen nicht weichen), können wir zum Beispiel entkommen, wenn wir feststellen, was andere Völker und andere Zeiten aus ihren Feiern gemacht haben, vor allem solche Völker, für die Jahresfeste oder gelegentliche Feiern den Mittelpunkt des Lebens bilden. Bei alten Gesellschaften, wie etwa auf Bali, erkennen wir, daß Feiern nicht von einem Ritual zu trennen sind. Weitgehend stilisierte Vorgänge, die von einer Feier zur anderen, von Prozession zu Prozession, von einem Jahr aufs andere wiederholt werden, bilden einen wesentlichen Teil der Feste. Jedes bedeutsame Ereignis mag auch Gelegenheit für neue Elemente, neue Lieder, neue Szenen, neue Kostüme und neue Parodien auf die Gegenwart geben – das Rituelle, die geheiligte Wiederholung fehlt trotzdem nie; Improvisation ist möglich, weil sie in einem bekannten und beliebten Rahmen stattfindet. Neue Tänze entwickeln sich aus den alten, und die Szene mit dem jüngeren Bruder, der immer seinen dummen und prahlerischen älteren Bruder besiegt, wirkt in balinesischem Theater stets frisch und neu, weil der Darsteller innerhalb einer alten, beliebten, erprobten Form die Freiheit hat, so frisch und aktuell zu sein, wie er will. Man kann das Ritual, die Wiederholung anerkannter Ausdrucksformen, nicht in die Vergangenheit verbannen, nicht zum alten Eisen werfen, in die ersten Tage der Menschheit: Ritual ist für die ganze Kultur bedeutsam, und zwar für sämtliche Kulturen, die uns bekannt sind, und, wie ich hoffe, auch für die der Zukunft.

In Amerika leiden die Feste zur Zeit an unserem Widerstand gegen alles, was wir als rituell, als Wiederholung, ja als vertraut ansehen. Manches von dieser Haltung geht zurück auf die Bilderstürmerei der Reformation, aber sie liegt auch in der Empfindung begründet, in einem neuen Land zu sein, frei von den ermüdenden Banden ewiger Wiederholung in der Alten Welt. Die Pflege des Rituals aus der Alten Welt, seien es der Weihnachtskuchen, das Taufkleid, die Hochzeitsbräuche, die Beerdigungssitten, bedeutete in den Vereinigten Staaten Festhalten an der ethnischen Vergangenheit; solche Riten bewiesen, daß man noch nicht ganz und gar zum Amerikaner geworden sei. Nur wirklich echt amerikanische Zeremonien – ohne europäischen, später auch japanischen und nahöstlichen Einfluß – sind in den Vereinigten Staaten voll und freudig aufgenommen worden. Doch auch hier gab es Schwierigkeiten. Die immer vorhandenen Neuankömmlinge in diesem Land, Einwanderer oder kritische Besucher, haben die rein amerikanischen Zeremonien abgelehnt – sie seien überhaupt keine Zeremonien, und von Amerikanern, die sich dieses Urteil zu eigen gemacht haben, konnte man hören: »Wir haben nichts als den Puter am Dankfest, und die Europäer haben all die schönen alten Bräuche.«

Jedes Kind hat Freude an rituellen Veranstaltungen, wenn sie voll Farbe und Leben sind, Eßbares bieten und dazu die schöne, beruhigende Aussicht, daß sie wiederkommen werden und ein wenig abgewandelt werden können: »In diesem Jahr male ich die Tischkarten, und du machst die Puter aus Zellophan.« So haben die Kinder in den Vereinigten Staaten die Bräuche bewahrt, die ihre Eltern glaubten verachten zu müssen, und so werden solche Ereignisse und ihre Vorbereitung den Grundschullehrern, den Geschenkkartenfabriken und den Herstellern von Party-Geschenken zur Ausbeute überlassen. Obwohl wir so viele Gelegenheiten hätten, das Vergnügen an der Verbindung von Ritual und Neuem zu erkennen – am neuen Baby, an der neuen Braut, der neuen Filmkamera, dem neuen Tonbandgerät –, lernen wir außerordentlich wenig darüber wegen der eingefleischten Überzeugung, daß die amerikanischen zeremoniellen Veranstaltungen weltlicher oder religiöser Art irgendwie »langweilig« oder »kommerziell« seien.

In Bali wird immer nach Ablauf von 210 Tagen das Galungan-Fest gefeiert. Wandernde Spieltrupps mit religiösen Themen ziehen von Dorf zu Dorf, und die Kinder schreien vor Freude, wenn sie auftauchen. Niemand jammert, das Fest sei kommerziell, weil Schweinehändler die Darsteller begleiten und eifrig die für die Feste benötigten Schweine verkaufen. Doch bei unserer amerikanischen Verachtung und Mißachtung der Entzückungen durch Zeremonien überlassen wir Festschmuck, Masken, Kostüme, Tischschmuck, Festessen und Blumen zum größten Teil kommerziellen Händen; und dann jammern wir über die Kommerzialisierung unserer Feste.

Abgesehen von der Verachtung für unseren besonderen Stil, Festtage und Feiern zu begehen, halten wir Amerikaner *Ritual* für ein schlechtes Wort; das Ritual des Schlafengehens kennzeichnet den Neurotiker, bürokratisches Ritual ist ein Merkmal großer Organisationen, die den Geist versklaven. Das Adjektiv *rituell* wird gleichgesetzt mit leer, formelhaft, seelenlos. Und unsere wunderliche Definition führt zur Unduldsamkeit gegen die Wiederholung – wir möchten ein Buch nicht zum zweitenmal lesen, ein Theaterstück nicht zweimal sehen, nicht verleitet werden, dasselbe Fernsehprogramm noch einmal anzusehen.

In jedem Jahr veranlasse ich Studenten zur Beobachtung von religiösen Formen, die ihnen völlig fremd sind. Vor einigen Jahren wählte sich eine Studentin die römisch-katholische Messe aus. Sie war zunächst hingerissen von dem Glanz in Form und Farbe, von der Beteiligung aller Sinne, und tat ihre Arbeit gern, beobachtete und wertete. In ihrem Bericht hieß es dann aber: »Plötzlich fiel mir ein: Das machen sie nun *jeden* Sonntag.« Ihre Beobachtungsgabe wurde gelähmt durch diese Entdeckung; sie hatte nie daran gedacht, daß irgendeine Gruppe von Menschen irgend etwas zweimal tun möchte, geschweige denn täglich oder Sonntag auf Sonntag, Jahr für Jahr.

In den sechziger Jahren haben die jungen Leute nach mehr Leben und Farbe und Zeitgemäßheit in ihrem Leben verlangt; sie haben auf die Mißachtung der vorhandenen Zeremonien und die Ablehnung des Rituals mit dem Versuch geantwortet, völlig neue Dinge zu erfinden – »happenings« –, die nach Inhalt und Form nicht festgelegt waren. Doch jeder dieser Einfälle ist stilisiert, stereotyp, wiederholbar geworden, damit langweilig für Vorführende und Beobachter. Der flachen Gewohnheit, nur zu improvisieren und nichts voraus festzulegen, fehlt ein wesentliches Element der großen Feiern, in denen erprobte, durch Jahre liebevoller Anwendung geglättete Formen mit neuem Leben erfüllt werden und die als rituelle Ereignisse gerade deshalb Freude bereiten, weil die Formen selbst oder ihr Inhalt vertraut sind.

Dem Menschen, so weit er sich bis heute entwickelt hat, scheint eine Fähigkeit zu fehlen, nämlich die, fortwährend Neues zu erfinden. Wirkliche Erneuerung ist selten und unaussprechlich kostbar, entsteht immer in einem reichen, produktiven Erbe aus der Vergangenheit oder in einem gemeinsamen Verständnis von Gegenwart oder Zukunft. Wenn der große, ursprüngliche Künstler solche Traditionen schaffen soll, auf denen die anderen fußen, dann wird zuviel Energie auf die Schaffung solcher Formen verwendet. Endlose (und unvermeidlich mittelmäßige) Erneuerung ist viel stärker stereotyp als die überlieferte Form; wir enden nicht bei Weihespielen oder Verdi oder Gilbert und Sullivan, sondern bei den Themen zweitklassiger Filme und bei Rührstücken im Fernsehen. Eine Mittelmäßigkeit läßt sich nicht von der anderen unterscheiden, sosehr jede auf ihre Originalität pocht – in einem Genre, das zu kümmerlich ist, um wirkliche Originalität hervorzubringen.

Das Ritual hat für die menschliche Gesellschaft die wichtige Funktion, daß es den entsprechend Begabten gestattet, gemeinsam an Formen zu arbeiten, die dann jedermann zugänglich sind; dazu gehören auch die religiös Begabten, denen die Kraft fehlt, ihre Erlebnisse in Formen zu kleiden, die anderen verständlich sind.

Ein gutes Ritual hat viel mit einer natürlichen Sprache gemeinsam: Was eine natürliche Sprache (im Gegensatz zu einer für einen besonderen Zweck geschaffenen technischen Sprache) auszeichnet, ist die Tatsache, daß sie sehr lange Zeit hindurch von sehr vielen verschiedenen Menschen gesprochen wurde, vom Genius wie vom Dummkopf, von alten Menschen am Rande des Todes und von Kindern, die sprechen lernen, von Männern und Frauen, guten und schlechten Menschen, Bauern, Gelehrten, Fischern. Sie ist zu einer Sprache geworden, die jeder sprechen und jeder lernen kann, einer Sprache, die Obertöne mitschwingen läßt und für neue Sinngebungen offen ist. Und so, glaube ich, kann man auch das Ritual beschreiben. Es muß alt sein, sonst fehlt ihm der Glanz. Es muß alt sein, sonst kann es nicht das Spiel der menschlichen Einbildungskraft widerspiegeln. Es muß alt sein, sonst ist es nicht jedem, der in diese Überlieferung hineingeboren ist, zugänglich. Doch es muß auch lebendig und frisch sein, offen für neue Visionen, offen für gewandelte Visionen.

Das Wesen des Rituals liegt in dem Vermögen der vertrauten Form, vergangene Gefühle wieder zu erwecken, das Individuum mit seiner eigenen vergangenen Erfahrung zu verbinden und die Mitglieder einer Gruppe in einem gemeinsamen Erlebnis zusammenzuführen. Das Lied »We Shall Overcome« ist nicht nur ein ergreifendes Lied der Hoffnung, sondern bringt, wenn es gesungen wird, Erinnerungen herauf an den Marsch auf Washington vom August 1963, den Hunderttausende in den ganzen Vereinigten Staaten in Wirklichkeit oder am Fernsehschirm miterlebten. Das Lied lebt, und es wird in einer Tradition von gemeinsamem musikalischem Stil gesungen.

Feiern entsprechen dem Bedürfnis jeden Lebensalters: dem des kleinen Kindes, das zum erstenmal von den Kerzen auf seinem Kuchen oder von einem elektrisch beleuchteten Baum hingerissen ist; dem des größeren Kindes, das sich zu erinnern und seine früheste Kindheit zu vergessen beginnt; dem der jungen Eltern, die ja auch von den Erinnerungen ihrer Eltern gefesselt werden; dem der Großeltern, die länger am Leben sind als alle anderen Menschen und sich anstrengen, um mit der modernen Welt in Kontakt zu bleiben. Eine Feier muß eine Zeremonie sein, in der jeder im Zusammensein mit den anderen etwas für sich findet. Sie muß eine Zeremonie der Gemeinschaft sein, wenn jeder dabei seinen Platz haben soll. Ein einfallsreiches Brautpaar bestellte vor kurzem als Festschmuck für die Hochzeit beliebte Melodien aus den letzten fünf Jahrzehnten, so daß jede Generation zu ihrer eigenen Jugend zurückfand und sich alles doch im gleichen Rahmen der Hochzeitsbräuche bewegte, und das bei einer Musik, die für die Gegenwart neu und fremd war.

Es gibt viele Möglichkeiten für Gemeinschaften – Gemeinschaften jeden Alters, unterschiedlicher ethnischer und rassischer Herkunft –, weltliche und religiöse Zeremonien mit so viel Ritual aus der Vergangenheit zu füllen, daß sie spüren, wie lebendig sie sind, daß sie sich auf neue Weise mit Gott, mit der Schöpfung, mit ihren Mitmenschen, den Verstorbenen und den Kindern, die noch geboren werden sollen, verknüpft fühlen. Als biologische Geschöpfe haben die Menschen viele Bedürfnisse mit den Primaten gemeinsam, auch mit fernerstehenden lebendigen Wesen wie Vögeln, Fischen, ja Pflanzen. Doch sie haben auch ihre besonderen Bedürfnisse: sich mit dem Übernatürlichen, dem Universum und mit jedem anderen zu verbinden, und zwar nicht nur durch die einfachen, unmittelbaren Vorgänge wie Sehen, Hören, Tasten, Riechen und Schmecken, sondern auch durch die vielfältigen, beschwörenden Riten, die der Mensch im Lauf seiner Geschichte entwickelt hat, um solche Beziehungen zu tanzen, zu singen, mimisch und dramatisch darzustellen. Wenn wir echte Zeremonien haben wollen, die nicht schon durch die Seichtheit ihrer Inspiration reizlos werden und im Sande verlaufen, brauchen wir eine befeuerte Mischung aus zeremoniellen Einfällen anderer Zeiten und anderer Völker. Nur dann kann das Neue wie ein Juwel funkeln, hervorgehoben und betont durch einen vertrauten Rahmen.

Zwei Gefahren liegen allerdings im Ritual: Es kann von einem zu reichen und komplizierten Symbolismus erfüllt sein, der zu alt ist, um die Gegenwart noch zu erfassen; wo das der Fall ist, sieht man die Menschen überwältigt, gleichgültig, feindselig oder apathisch reagieren. Es kommt aber auch vor, daß die Phantasie des Individuums oder der Gruppe über Ausdrucksmöglichkeiten verfügt, die in einem ärmlichen Symbolsystem keinen Platz finden; dann sind »Zungenreden« und andere Formen des Ausbruchs aus der Struktur der Sprache die Reaktionen, die an Schizophrenie erinnern können. Wenn das Individuum keinen Weg findet, seine Visionen, seine Hoffnungen, seine Bedürfnisse innerhalb einer Begrenzung auszudrücken, im Rahmen einer formalen symbolischen Darstellung, kommt es tatsächlich zu verschiedenen Formen gestörten Verhaltens. Vielleicht haben auch diese beiden Gefahren, die nebeneinander in der heutigen amerikanischen Kultur vorhanden sind, zu den seltsamen Handlungen und Ausdrucksformen geführt, die man der Hippiebewegung zuschreibt. Die Blumenkinder können sich nicht mit älteren Formen identifizieren, doch ihre eigene Einbildungskraft kann auch nicht tragfähige neue Formen schaffen, nicht einmal in von Drogen beeinflußten Halluzinationen.

Heute versuchen die Jugendlichen, die Sinne unmittelbar zu reizen, ohne die Vermittlung der ritualisierten Entzückungen aus der Vergangenheit. Zum Teil haben wir als Volk in unseren eigenen Beiträgen zur Kunst diese Entzückungen zu heftig zurückgewiesen, andererseits aber erkennen die Jugendlichen nicht, daß etwas Neues erst dann völlig human ist, wenn es teilweise in älteren Formen enthalten ist. Unsere so lebendige Zeit mit ihrem Zugang zu Drama, Ritual und der Schönheit der Feste in der ganzen Welt versorgt uns mit ungeahnten Möglichkeiten, die wir nutzen können. Doch es bedarf der vereinten Bemühungen reifer Künstler, Dramatiker, Choreographen, Dichter und der lebhaften Jugend, um diese Schätze zu heben.

Kultur wird von *allen* Beteiligten gestaltet. Wenn sie die Schöpfung nur einer Altersgruppe ist (wie die überlieferte amerikanische Kultur und die des modernen Israel die Schöpfung junger erwachsener Einwanderer sind), leidet jeder. Der heutige Drang zur Freude kann als ein neuer Versuch angesehen werden, unsere Kultur zu vervollständigen. Jugend ist Lärm und Tanz – doch die Erwachsenen müssen einen Teil des Textes liefern, sonst wird die Jugend selbst um ihr Erbe gebracht.

Kulturelle Kontexte des Alterns

Jede Kultur schafft einen Rahmen für die Biologischen Phasen des Heranwachsens und Reifens, so daß für die Kinder in der langen Zeit ihrer Unselbständigkeit gesorgt ist, Männer und Frauen im fortpflanzungsfähigen Alter Nachwuchs erzeugen und aufziehen können und schließlich die Älteren zivilisatorisch geregelte Möglichkeiten finden, ihre späten Lebensjahre zu Ende zu leben. In sehr primitiven Kulturen mußten oft viele Kinder, aber wohl auch Alte der Härte der Lebensbedingungen geopfert werden. Doch in den vielen Jahrhunderten, seit der Mensch seßhaft und stärker vom Landbau als von Jagd und Fischen abhängig wurde, haben die Kulturen eine Vielfalt von Möglichkeiten entwickelt, den späteren Lebensjahren Gestalt und Bedeutung zu geben.

Abgesehen von der Lebensweise, die einfach Nahrung, Weiterleben und Sorge für jede Altersgruppe sichert, haben sich die Kulturen durch die Bedeutung unterschieden, die sie den verschiedenen Altersgruppen beilegten; manchmal lag das Gewicht auf der Kindheit, zuweilen bei den reifen Jahrgängen, manchmal bei den Alten. Kulturen, die Weisheit und Erfahrung schätzten, fanden leichter einen Weg, das Alter würdig zu gestalten, als solche, in denen körperliche Kraft, kriegerischer Mut, körperliche oder geistige Abenteuerlust hoch im Kurs standen. Wie sehr die Würdigung des Alters den Rahmen natürlicher Lebensbedingungen sprengen kann, zeigte sich bei australischen Eingeborenenkulturen, wo ein Nomadenvolk, das unter äußerst schwierigen Verhältnissen als Sammler und Jäger lebte, dennoch die alten Menschen sehr hoch einstufte.

Unsere Gesellschaft versucht heute bewußt, ihre Einstellung zum dritten Vierteljahrhundert des Menschenlebens zu ändern, in der Einsicht, daß eine Reihe veränderter Lebensverhältnisse dazu zwingt: Urbanisierung, die zu kleineren Haushalten und damit zu einer unbedeutenderen Rolle der Älteren führt; die steigende Lebenserwartung unserer Bevölkerung; und schließlich ein gesteigertes Gefühl für die Bedürfnisse jedes Menschen innerhalb unserer Gesellschaft. In unserem Denken wird sich die Einstellung zu älteren Leuten ändern müssen, und einige der dabei zu berücksichtigenden Aspekte sollen in diesen Ausführungen kurz erwähnt werden.

Die amerikanische Kultur wertet Selbständigkeit besonders hoch; wir beginnen unsere Kinder fast von der Geburt an zur Selbständigkeit zu erziehen und belohnen sie, wenn sie Selbständigkeit an den Tag legen. Der Verlust an Unabhängigkeit wird als persönlich demütigend und sozial beklagenswert empfunden. Von dieser Voraussetzung muß auch eine Änderung unserer Einstellung zum Alter ausgehen, doch statt zu fragen: »Wie kann man Menschen dazu bringen, den Verlust der Unabhängigkeit bei sich und anderen hinzunehmen?«, müßte die Frage lauten: »Wie können sich ältere Personen ihre Unabhängigkeit bewahren?«

Wenn ältere Leute sich ihre Selbständigkeit so erhalten sollen, daß weder ihre Selbstachtung noch der Respekt, den sie von anderen erwarten können, leidet, sind nicht nur finanzielle Maßnahmen notwendig, sondern auch angepaßte äußere Lebensbedingungen. Dazu gehört zum Beispiel ein neuer Haustyp ohne Treppen, gehören leicht zu bedienende Haushaltsgeräte, Besuche der Gemeindeschwester, eine Belieferung mit fertigem Essen, bequeme Möglichkeit, mit anderen Menschen verschiedener Altersstufen zusammenzukommen. Oft sind Mangel an Selbstachtung und Respekt der Umgebung die Folge eines abgesunkenen Lebensstandards, der zu einem Teil finanziell, aber auch durch die strengen und ungeeigneten äußeren Lebensbedingungen begründet ist.

Aufsteigende Tendenz gilt sehr viel im amerikanischen Denken. Wir fragen, wie schnell ein Säugling wächst, wie rasch ein Kind lernt, wie gut ein Mann vorankommt; wir belohnen weniger das Erreichte als die steigende Leistung, wir schätzen den langen Weg »vom Blockhaus zum Weißen Haus« als Sinnbild eines langen Aufstiegs. In der Gesellschaft der Gegenwart gibt es nur sehr wenig Möglichkeiten für Männer und Frauen – mit Ausnahme akademischer und politischer Berühmtheiten, auf die sich im Alter Preise und Ehrungen häufen –, bis ans Lebensende dauernd mit Erfolgen aufzuwarten. Wer den Beruf aufgibt oder einen Stand erreicht hat, bei dem weiterer Aufstieg unwahrscheinlich ist, verliert sofort sein Ansehen. Dieser Neigung, nur den ständigen, unmittelbaren Erfolg zu werten und vergangene Leistungen oder einen noch so hohen, nicht mehr zu steigernden Status zu ignorieren, könnte man durch kulturelle Einrichtungen entsprechen, die Männern und Frauen über fünfzig oder sechzig neue Betätigungen mit Aussicht auf eine aufsteigende Kurve anbieten.

Im Rahmen der amerikanischen Kultur müßte es möglich sein, das Absinken der Kurve hinzunehmen, wenn damit zugleich die Vorstellung eines »neuen Anfangs« verbunden wäre. Wir haben immer den Mann bewundert, der an einem neuen Ort oder nach schwerem finanziellem Rückschlag »ganz von vorn begann«. Aus solcher Bewunderung heraus könnte man dem Mann und der Frau, die in mittleren Jahren eine sichere Position aufgeben, um auf einem anderen Feld »neu zu beginnen«, Unterstützung und Anerkennung zuteil werden lassen. Wenn es sich um ein Gebiet handelte, in dem stetiger, wenn auch wahrscheinlich nicht spektakulärer Erfolg *trotz* nachlassender Kräfte möglich wäre, läge in solchem Wechsel ein Teil der Lösung.

Wir sind ganz auf die Familie der zwei Generationen eingestellt: Eltern und unmündige Kinder. Für Großeltern ist darin wenig Raum, höchstens können sie als »Babysitter« in die Familie ihrer verheirateten Kinder einziehen. Doch die Einsicht, daß die Großeltern die Persönlichkeit ihrer erwachsenen Kinder dadurch festigen, daß sie ihnen sozusagen ein geschlossenes Bild ihrer eigenen späteren Jahre vorleben, sollte dazu beitragen, die großelterliche Rolle aufzuwerten. Allerdings darf nicht übersehen werden, daß in einer sich rasch verändernden Zivilisation junge Eltern, die selbst nicht wissen, was die Zukunft bringen wird, sicherlich die besten Führer ihrer Kinder bleiben und daß die Rolle der Großeltern nur ergänzend sein kann.

Immer mehr konzentriert sich die Ehe auf das gemeinsame Aufziehen von Kindern statt auf andere gemeinsame Tätigkeiten – gemeinsames Produzieren und Geldverdienen –, die in anderen Kulturen die gemeinsamen Interessen bilden. Das führt bei uns dazu, daß die Eltern, wenn ihre Kinder das Haus verlassen haben, einer Zeit ohne echte gemeinsame Interessen entgegengehen. Man kann diesem Problem auf unterschiedliche Weise entgegenwirken: Eine zweite Folge von Kindern, die dann geboren werden, wenn die größeren das Haus verlassen, schiebt das Alter, in dem die Eltern sich selbst überlassen bleiben, von vierzig auf sechzig Jahre hinaus. Wenn der Gedanke an ein neues Tätigkeitsfeld sich durchsetzt, könnte damit ein Wechsel des Wohnorts und der Lebensgewohnheiten verbunden sein, woraus sich ebenfalls gemeinsame Interessen des Ehepaares entwickeln ließen.

Die amerikanische Kultur orientiert sich an Werten, die auf die sinnfälligste Weise mit Jugend, Spontaneität, körperlicher Energie, rascher Umsetzung von Einfällen verbunden sind. Solche Bewertung räumt den Alternden wenig Möglichkeiten ein, es sei denn, sie wirkten nach Aussehen und Auftreten jünger, als sie wirklich sind. In unserer Zeit ermöglichen Mode, Kosmetik und plastische Operationen fast jeder Frau, »jünger auszusehen, als sie ist«. Das verschafft der alternden Frau zwar eine Atempause, doch die heute heranwachsenden Kinder haben später doch gelernt, daß die Frau, die im Vergleich zu ihren Altersgenossinnen »jung« aussieht, in Wahrheit »alt« ist. Nur wenn wir nicht mehr Spontaneität und Munterkeit für die wesentlichen Werte halten, sondern wissen, was Erfahrung, Kennerschaft, entwickelter Geschmack und Weisheit wert sind, wird dieser Trend aufhören.

In unserem Kulturkreis wird jedes einzelne Dasein als ein einmaliges Ereignis angesehen, das Anfang und Ende hat (im Gegensatz zu den Kulturen, die an Wiederverkörperung glauben). Entsprechend wird auch das leichte Lernen am Anfang des Lebens und das erschwerte im Alter betont. Doch es gibt Hinweise darauf, daß die Art und Weise, in der ältere Leute lernen können, damit zusammenhängt, wie sie als Kinder ursprünglich zu lernen gelernt haben. Wer zum Beispiel gelernt hat, daß Fremdsprachen leicht und ganz natürlich zu erlernen sind, wird es im Alter von fünfzig Jahren leichter finden, sich eine neue Sprache anzueignen, als derjenige, der als Kind gelernt hat, es sei »nicht natürlich«, anders als Englisch zu sprechen. Es scheint durchaus möglich zu sein, die Lernmethoden für Kinder so zu ändern, daß es älteren Leuten leichter wird, neue Fähigkeiten zu erwerben; so ist es zum Beispiel auf Bali, wo das Ende des Lebens als das Ende einer Verkörperung angesehen wird und die Leute sehr spät noch leicht und erfolgreich Neues lernen.

Die amerikanische Kultur legt großen Wert auf »Beliebtheit«, »Gebrauchtwerden« und auf das, was zur Erwerbung oder Erhaltung solcher Bewertung notwendig ist. Bei Eltern mit erwachsenen Kindern führt das zu einem Konflikt mit der Neigung der jungen Leute, für sich selbst zu leben, ohne daß sich die Eltern »einmischen«. Man hat vorgeschlagen, ganz bewußt Wege zu entwickeln, auf denen ältere Leute im Dasein von jüngeren, die nicht ihre Kinder sind, eine Rolle spielen können. So könnte manches durch eine Änderung der Gewohnheiten erreicht werden: Fünfzigjährige könnten Ärzte und Anwälte wechseln und junge Praktiker aufsuchen, wodurch neue Beziehungen zwischen den Generationen entstünden und ein Austausch zwischen den Älteren und den Jüngeren außerhalb des Familienkreises eingeleitet würde.

Eine Schwierigkeit für eine Änderung unserer Einstellung zum Alter stammt aus der oft geäußerten Ansicht, früher seien alte Leute viel widerstandsfähiger gewesen; die Großeltern der jetzigen Großeltern hätten munter bis ins hohe Alter gelebt und mit achtzig noch kaum eine Brille gebraucht. Diese Ansicht beruht nur teilweise auf einer Idealisierung der Vergangenheit – tatsächlich ist sie soweit richtig, als früher eben nur sehr robuste Menschen eine lange Lebenserwartung hatten. Die große Zahl von Menschen, die durch die moderne Medizin am Leben erhalten werden, fördert in den Menschen mittleren Alters ein verborgenes Gefühl von Bitterkeit und Selbstmitleid, weil sie glauben, über Gebühr durch Eltern belastet zu werden, die keine sozial wesentliche Rolle mehr erfüllen und von der Kraft der verheirateten Kinder zehren, die diese für ihre eigenen, die Zukunft repräsentierenden Kinder brauchen. Um so dringender müssen wir eine neue kulturelle Orientierung finden, die das Alter berücksichtigt und ihm einen wichtigen Platz in unserer Gesellschaft einräumt, wenn diese Gesellschaft ihre volle Humanität verwirklichen soll. Wir bewegen uns auf einen Begriff der humanen Gesellschaft hin, zu dem es gehört, daß jedes Alter um seiner selbst willen geachtet und aufgefordert wird, im Rahmen seiner besonderen Möglichkeiten zum Ganzen beizutragen, und nicht nur als Vorspiel oder als Nachspiel zu den Aktivitäten anderer Altersgruppen geschätzt und geehrt wird.

Nach meiner Ansicht hängt unsere Meinung, daß hohes Alter eine Art Krankheit ist, die man beklagen muß, von der man aber nicht früher als unbedingt nötig spricht, mit dem Kult zusammen, den wir mit der Jugend treiben, aber auch mit unserem Mangel an Bereitschaft, uns energisch um die Aspekte des Alterns zu kümmern – vor allem um den, daß es unweigerlich mit dem Tode endet, eine Vorstellung, die wir unwillig von uns schieben.

Als ich 1953 auf die Manus-Inseln im Pazifik zurückkehrte, zu Menschen, die über zweitausend Jahre Entwicklung übersprungen und unmittelbar in die moderne Welt geraten waren, stellte ich fest, daß sie gelernt hatten, Alter und Zeit genau anzugeben, und zwar auf der Grundlage von 1946. Vor 1946 gab es nichts für sie. Geburten, die sich danach ereignet hatten, wurden mit Tag und Stunde festgehalten, und wenn die Dorfuhr auch nicht immer richtig ging, so zeigte sie doch eine Tageszeit an, die man als Geburtsdatum festhalten konnte. Mit größter, geradezu peinlich genauer Sorgfalt verzeichneten sie jedes Datum nach 1946.

Ich fragte: »Woher wißt ihr, daß wir das Jahr 1953 haben?«

Sie sagten: »Also, das letzte Jahr war 1952, nicht? Und davor war ein Jahr und davor eins und davor eins – und das letzte Jahr war 1946. Da begannen wir zu leben.«

Ich: »Woher wißt ihr, welches Jahr es war?«

Sie: »Das haben uns die Europäer gesagt.«

Und sie hingen in diesem engen kleinen Zeitraum und dachten, wir anderen alle könnten unsere sämtlichen Vorfahren bis zu Adam zurück bei Namen nennen – einschließlich des zweiten Vornamens –, und nur sie selbst seien so benachteiligt, daß sie nicht die Namen ihrer Ururururgroßväter kannten; allerdings meinten sie auch, bis zu Adam zurück sei es nicht sehr weit, höchstens ein paar Generationen.

Ich beschloß, drei Darstellungen für sie anzufertigen, um ihnen ein zutreffenderes Bild vom Ablauf der Zeiten zu vermitteln. Auf der ersten, der geologischen, erschien zum Schluß der Mensch. Die zweite Karte enthielt alle Daten, die für sie als Volk und für ihre Lebensbetrachtung wichtig waren, Jesu Geburt, die Entdeckung Amerikas, die Entdeckung Australiens, Neuguineas, den Ersten, den Zweiten Weltkrieg und das Jahr 1946. Nur diese Daten waren für sie wichtig.

Und da ich fünfundzwanzig Jahre vorher im Dorf gewesen war und eine gute Vorstellung der Altersgruppierung hatte, entwarf ich eine Zeitskala nach den Jahrzehnten, in denen die lebenden Personen geboren worden waren. Ich half ihnen dadurch, sich unter die Lebenden der Gegenwart einzureihen und sich einen Zeitraum von fünfzig oder sechzig Jahren vorzustellen, den nämlich, in dem die Menschen ihres Dorfes zur Welt gekommen waren.

Es war eine sehr einfache Art der Orientierung. Wir vergessen sie oft, wenn wir Kinder in der Schule auf die Tafel schreiben lassen: »3. September 1954«. Das Kind fragt: »Was ist das?« Der Lehrer antwortet: »Das ist ein Datum.« Ob die Kinder wissen, was ein Datum ist, spielt offenbar keine Rolle, und manche finden erst nach Jahren heraus, was »v. Chr.« bedeutet.

Aber wir haben etwas sehr viel Komplizierteres zu leisten, und wir gehen dabei nicht immer konsequent vor. Wir müssen nicht nur die herangewachsenen und älteren Schichten der Bevölkerung in die Zeit einordnen und dabei unser Wissen von der Entwicklung des Menschen, von unserer eigenen Geschichte und unsere Kenntnis vom Alter der um uns herum Lebenden einsetzen, sondern wir haben es mit einem Modell zu tun, das sich bewegt. Das Bild des Alterns, mit dem die Leute in meiner Kinderzeit aufwuchsen, gilt heute nicht mehr, und das Altern unserer Kinder wird völlig anders sein als das der Menschen von heute.

Zu den Komplikationen gehört die Aufgabe, ein Modell des Alterns zu entwickeln, es aber nicht zu konservieren oder in den Institutionen kristallisieren zu lassen, sei es nun die Regelung der gesetzlichen Altersversorgung, seien es Aufenthaltsvorschriften, Anlage von Gebäuden, Konstruktionen von Autos oder irgend andere der tausend Möglichkeiten, in denen das Alter innerhalb unserer Gesellschaft eine Rolle spielt.

Wir müssen sorgfältig darauf achten, daß wir nicht für die Gruppe, die wir jetzt im Auge haben, irgend etwas tun, was die Möglichkeiten der Menschen beschneidet, die in zwanzig Jahren in diesem Alter stehen werden. Daß wir darauf nicht geachtet haben, hat sich als großer Nachteil für alle soziologische Forschung in unserem Land erwiesen.

Wir greifen uns eine Gruppe Heranwachsender heraus, fertigen eine Studie über ihre Kindheit an und stellen fest, was ihre Mütter unternommen haben und doch besser gelassen hätten und was die Mütter andererseits versäumt haben und lieber hätten tun sollen. Dann benutzen wir diese Erkenntnisse und versuchen, das zu ändern, was heute mit den Babys unternommen wird, damit die zukünftigen Heranwachsenden anders als die Heranwachsenden von heute sein werden. Wir übersehen dabei, daß die Babys von heute ohnehin ganz anders behandelt werden, und deshalb haben wir Mühe, uns selbst immer wieder einzuholen. Wir müssen daran denken, wie wir selbst später einmal den Unterschied zwischen den Jahrzehnten unserer Lebensspanne sehen werden. Wir dürfen also nicht die besonderen Merkmale der Menschen, die 1890 geboren wurden, das bestimmen lassen, was wir für die um 1920 Geborenen tun wollen. Wir haben immer daran zu denken, daß unser Modell des Alterns solche Verschiebungen auffangen muß.

So haben wir Vorsorge zu treffen sowohl für diejenigen alten Leute, die gern fernsehen, wie auch für diejenigen, die keinen Spaß daran haben. Es ist denkbar, daß ein achtzigjähriger ehemaliger Fabrikarbeiter, der nie im Leben ins Kino ging, nicht gern vorm Fernsehapparat sitzt und überhaupt nichts Unterhaltendes daran findet. Doch jemand, der in vierzig Jahren achtzig sein wird, kann dann vielleicht durchaus der Ansicht sein, daß der Fernsehapparat ihm viel zu bieten hat. Für diese Menschen brauchen wir dann nur noch ein Fernsehgerät aufzustellen und können auf alle Beruhigungsmittel verzichten.

Offensichtlich besteht ein gewaltiger Unterschied zwischen Menschen, die aufwuchsen, bevor es so viel Lärm in der Welt gab, und den Leuten von heute, die sich in einen Kokon von Lärm einspinnen, um den Lärm der anderen nicht zu hören. Wer sein Fernsehgerät auf volle Lautstärke einstellt und dazu die Klimaanlage laufen läßt, hört weder Fernsehapparat noch Klimaanlage der anderen; man hört nur noch Lärm. Die Menschen von heute sind mehr an Lärm gewöhnt und viel weniger geneigt, Ruhe zu suchen, als es die vorigen Generationen waren.

Es gibt außerordentlich viele solcher Faktoren, so viele, daß die bloße Erwähnung vor fünfundzwanzig Jahren verwirrend und niederdrückend gewirkt hätte. Damals hätte man mit Recht geantwortet: »Wir können nicht das alles berücksichtigen; wir können nicht sämtliche Wandlungen in der Lebensspanne der einzelnen Individuen in Betracht ziehen – wo sie geboren sind, wo ihre Eltern geboren wurden, welche Religion sie haben und haben werden, was ihre Kinder waren und nicht waren, was sie alles unternommen haben, wie ihre Lebenserfahrungen aussehen, ob sie in vertrauten Elendsgebieten oder in unpersönlichen Wohnblocks leben. Das kann nicht alles herangezogen werden. Es gibt viel zuviele Faktoren, wir müssen es dabei bewenden lassen. Sind sie fünfundsechzig, dann wissen wir, was sie sind: Alternde.«

So hat man sich vielfach eingestellt. In England wurde eine psychiatrische Studie durchgeführt, bei der man eine ganze Gruppe von Leuten für altersdement in einem Grad hielt, daß sie alle nach Ablauf einer bestimmten Zeit verstorben sein mußten. Dann sah man sich diejenigen an, die nicht gestorben waren, und fand heraus, daß sie keineswegs altersdement gewesen waren. Sie waren nur fünfundsechzig und mehr Jahre alt gewesen, und ihnen hatte dies und jenes gefehlt.

Doch es war schwierig, sich an breitere Untersuchungen zu wagen, und es war sehr entmutigend für die Sozialwissenschaftler, mit der Behauptung aufzutreten, daß alle diese Faktoren eine Rolle spielten.

Heute ist das anders, denn man kann Varianten in jeder Menge einem kleinen Computer eingeben. Also lassen sich auch die Unterschiede zwischen Menschen festhalten, und zwar so gründlich, daß man nichts mehr in einen Topf zu werfen braucht. Schon bald werden wir das Altern physiologisch messen und damit die »Renten-Bereitschaft« eines Menschen feststellen können, wie heute bei kleinen Kindern die »Lese-Bereitschaft«.

Mit solchen physiologischen Messungen sollten wir dann auch bald in der Lage sein, Gruppen von Leuten nach ihrer Bereitschaft, sich von der Arbeit zurückzuziehen, nach ihrem Bedürfnis, aus dem Arbeitsprozeß auszuscheiden, und schließlich danach zu testen, ob es für die Organisation, in der sie tätig sind, notwendig ist, von ihrer Anwesenheit befreit zu werden; das ist sicherlich in vielen Fällen sehr wichtig, ich denke da besonders an die nach den Vorschriften des öffentlichen Dienstes geleiteten Büros, in denen eine Art von – sagen wir: Gemütlichkeit bei den älteren Jahrgängen gedeiht.

Hoffentlich werden wir diese Fragen anders als heute beurteilen können. Wir werden erkennen, daß es nicht viel Sinn hat, von irgendwem in einem bestimmten Alter zu reden, wenn man nicht seine Generation kennt.

Ich habe eine lange Auseinandersetzung mit einem Spezialisten auf diesem Gebiet gehabt, der mir erzählte, was Großmütter möchten. Nachdem ich seinen Ausführungen über Großmütter eine Stunde lang zugehört hatte, bat ich, innezuhalten und zu überlegen: Sprach der Mann eigentlich von Großmüttern oder von Urgroßmüttern? Er hatte eine Gruppe von Leuten im Auge, die alle Urgroßmütter hätten sein können und es zum Teil auch waren.

Ich unterstelle, daß eine Großmutter und eine Urgroßmutter ganz verschieden sind. Jede Frau, die erst eigene Kinder, dann einen Schwung Enkel aufgezogen hat, darf müde sein, wenn sie Urgroßmutter wird. Sie ist mit Recht erschöpft. Nur die sehr Energiegeladenen möchten noch Urenkel erziehen. Doch die Großmutter, die mit sechzig Jahren ihr erstes Enkelkind bekommt, ist eine ganz andere Person als die siebzigjährige Urgroßmutter.

Der Mann, der geruhsam gelebt und wenig geleistet hat, bis er mit fünfundvierzig Jahren aufzublühen begann, hat eine ganz andere Einstellung zum Leben nach fünfundsechzig als der Mann, der mit vierzehn an die Arbeit geschickt wurde.

Wir müssen aufhören, uns die Generation der Großmütter immer noch wie unsere eigenen Großmütter vorzustellen, falls wir uns an sie erinnern. Sie sahen natürlich schrecklich alt aus, denn alle älteren Leute sind in den Augen von Kindern alt. Dann setzte der stetige Vorgang der Verjugendlichung ein, und alle Frauen meiner Altersgruppe und etwas darüber haben den Vorteil, jedes Jahr etwas jugendlicher auszusehen.

Wir müssen ausdrücklich und endgültig das Alter nicht nur nach Lebensjahren, sondern auch nach der jeweiligen Generationen-Situation beurteilen: Fünfundsechzig oder fünfundsiebzig Lebensjahre kann nicht mit »Großeltern« oder »Urgroßeltern« gleichgesetzt werden; manche waren es, manche nie, manche werden es auch nie sein. Die alte Jungfer kann nicht in eine Kategorie mit der Frau gehören, die mehrere Kinder geboren hat, aber auch nicht mit der Verheirateten, die nie Kinder hatte. Man kann den Mann, der noch voll in Schwung ist, nicht mit dem verwechseln, dessen ungewöhnliche Begabung abnimmt, und kann nicht beide gleich behandeln.

Das weiß ja im Grunde jeder von uns – nur handeln wir nicht danach. Wir reden nach wie vor von der armen alten Großmutter, die vom Leben entlastet werden möchte, und fragen sie bei neuen Projekten: »Möchten Sie lieber in einer lebhaften Umgebung mit anderer Leute Kindern und Hunden wohnen oder an einem netten, friedlichen, ruhigen Ort, der für alte Leute wie Sie errichtet wird?«

Sie wird antworten, daß sie die nette, friedliche, ruhige Umgebung vorzieht, und niemand fragt, wie viele Kinder und Hunde sie im Leben um sich gehabt hat und wie sie sich eigentlich diesen netten, friedlichen, ruhigen Platz vorstellt – diese Gettos, die wir jetzt für alte Leute bauen. In Kalifornien werden sie zur Zeit eingerichtet, und niemand unter fünfzig Jahren darf einziehen; so kommt eine Art von umgekehrter Wöchnerinnenstation zustande.

Heute gibt es Menschen, die zwei Generationen durchlebt und in vielen Fällen auch noch ihre alternden Mütter oder alternden Väter gepflegt haben und sich gern still zurückziehen, beten oder mit ihren Schwestern leben möchten – es gibt so viele verschiedene Formen des Freiwerdens vom Leben der Gegenwart.

Wenn wir solche Leute unentwegt nur als Großeltern behandeln, werfen wir wiederum alles in einen Topf und setzen die Großeltern nicht so ein, wie wir es sollten. Wir erkennen nicht, daß sie eigentlich die kraftvollste und freieste Gruppe der Bevölkerung bilden. Die Männer sind oft so weit gekommen, wie es nur möglich war, und können sich aus dem Wettbewerb heraushalten; Frauen legen oft die milde Lebensfreude der Jahre nach der Menopause an den Tag.

Wir sollten sie für das Gemeinwesen einsetzen, sie sollten nicht einfach als Ruheständler abgetan werden, als Leute, die nicht mehr mitspielen. Wir sollten Vereine gründen, in denen Großeltern und Lehrer oder Großeltern mit der gesamten Schulvertretung zusammenarbeiten.

Heute schieben wir die Menschen aus dem Leben des Gemeinwesens ab, sobald ihr jüngstes Kind die öffentliche Schule verlassen hat. Vielleicht sind sie erst vierzig Jahre alt, aber wir verzichten auf sie, sie werden unzufriedene Steuerzahler, halten nichts von den Schulen und lehnen Staatsanleihen ab.

Jedes Gemeinwesen im ganzen Lande ist voll von solchen Leuten, und das ist völlig unnötig. Wir sollten davon ausgehen, daß sie noch jung sind und nicht in diese Kategorie gehören. Die Tatsache, daß sie Großeltern sind, verweist sie keineswegs in die Gruppe der Alternden. Altern ist etwas für Urgroßeltern und Ururgroßeltern. Ich kann das mit einiger Überzeugung behaupten, denn ich selbst könnte in diesem Augenblick eine Urgroßmutter sein, und zwar wäre mein Urenkel das Kind von der Tochter meiner Tochter, nicht vom Sohn eines Sohnes. Ich könnte also in dieser Minute Urgroßmutter sein, und das beleuchtet die Art, wie wir alles durcheinandergebracht haben – die Generationen, das Verhältnis zu Kindern, die Beziehung zur Gesellschaft, das chronologische Alter, kurzum, das ganze Bild, mit dem wir zu tun haben.

So wie wir diese Generationsfragen aufgezählt haben, müssen wir auch die medizinische Versorgung im einzelnen betrachten, die den Menschen zuteil geworden ist und die in Zukunft, mindestens für die nächsten zwanzig bis dreißig Jahre, zu einem höchst bedeutsamen Faktor werden wird. Danach wird es dann hoffentlich keine Bürger mehr geben, die unter Vernachlässigung leiden wie unsere alternden Mitbürger in der Vergangenheit. Wir werden nicht die gleichen medizinischen Probleme haben, und alte Leute werden auf die jungen einen ganz anderen Eindruck machen.

Ich sehe hier eine sehr wichtige Frage, um die wir uns gar nicht genug Gedanken machen können. Meine Generation und die unmittelbar folgende wuchsen mit dem Mandat der Gesellschaft auf, um jeden Preis zu überleben; die Zeiten waren hart. Den zweiten Sommer zu überstehen war nicht jedem Baby beschieden, und wenn es gelang, standen Krankheiten aller Art bevor. Wir mußten Diphtherie und Scharlach und Typhus und Lungenentzündung überleben und an Gewicht zunehmen, dann waren wir tüchtige Babys. Wenn man solche Tüchtigkeit erwarb und zum Kleinkind überlebte, hielt sie bis in die späten Lebensjahre vor, und heute bis in ein Alter, das sich grundlegend von dem Alter unterscheidet, das ich als Kind bei den Menschen um mich herum gesehen habe.

Vor einiger Zeit ist mir eingefallen, daß ich tatsächlich sechs- oder siebenundzwanzig Jahre alt war, ehe ich zum erstenmal einen alten Menschen dahinvegetieren sah. Mit anderen Worten: Die alten Leute, die ich kannte, waren Menschen, denen man gern nacheiferte; sie waren voller Leben. Sie machten feine Handarbeiten ohne Brille, sie lasen Kleingedrucktes. Ihr Kopf war klar. Sie waren ein bißchen schwerhörig und wurden von Rheumatismus geplagt, aber sie blieben lebhafte, interessante Menschen. Und deshalb klang es durchaus verlockend und vernünftig, wenn man wußte: »Du mußt nur Diphtherie und Masern, Keuchhusten und Scharlach und Lungenentzündung überstehen – wenn du tüchtig bist, wirst du eines Tages alt sein.«

Die Heranwachsenden von heute erleben, wozu diese Einstellung geführt hat: Sie sehen Menschen, die gegen ihren Willen am Leben erhalten werden, weil unsere modernen Methoden in der Medizin sie am Leben lassen – Methoden, von denen sie in ihrer Jugend nicht einmal träumen konnten. Sie haben gar keine Gelegenheit, den Entschluß, »nicht zu altern«, zu fassen. Doch die neue Generation wird diese Möglichkeit haben, und da sie eine andere Einstellung zur menschlichen Würde einnehmen wird, kann sie dann auch ihre Aussichten ganz anders beurteilen.

Wir dürfen nicht Menschen zur Richtschnur nehmen, die in *eine* Zeit hineingeboren wurden und sie mitmachten, dann aber in einer anderen Zeit alt wurden und sterben werden: Sie dürfen nicht den Standard bestimmen oder die Erwartungen junger Menschen dämpfen, sondern sie müssen in die Lage versetzt werden, Jüngeren ganz andere Dinge zu vermitteln.

Wir müssen verdeutlichen, warum diese Gruppe alternder Menschen so viel Fürsorge braucht: Sie hatten keine Ausbildung, sie konnten nicht lesen, sie kamen aus einem anderen Land und lernten nie die Sprache des neuen, sie lebten in Elendsquartieren, sie wurden nicht ärztlich betreut, sie waren schlecht ernährt, und das Bild, das sie von sich selbst hatten, stammte aus einer früheren Zeit. Die Menschen, die heute Großeltern sind und in eine neue Zeit hineinkommen werden, haben eine vollständigere Vorstellung von dem, was Altern bedeutet – Altern mit medizinischer Fürsorge und richtiger Ernährung –, und sie werden einen ganz anderen Eindruck machen.

Als ich las, daß Winston Churchill zurückgetreten sei, fiel mir eine Neunzigjährige in Devon, England, ein. Sie gehörte zu den Frauen, die noch ohne Brille häkeln. Es war im Zweiten Weltkrieg, und meine Tante gab ihr Geld für eine Handarbeit, aber die Neunzigjährige wollte nicht so viel annehmen: »Sie haben mir zuviel gegeben. Soviel ist es nicht wert, und ich möchte es nicht nehmen.« Und meine Tante sagte: »Das macht doch nichts, Mary! Geben Sie es für einen guten Zweck.« Die alte Frau überlegte kurz und meinte dann: »Na gut, da ist doch dieser kleine alte Mann mit der Zigarre. Eines Tages wird er abtreten, und dann brauchen wir ein Geschenk für ihn.«

Bei unseren Plänen für veränderte Verhältnisse können wir nicht von den Mängeln der Gegenwart ausgehen, denn was wir jetzt tun, ist im Grunde nur ein Beschönigen: Es gleicht die Fehler der Vergangenheit aus, es gleicht die Veränderungen der Vergangenheit aus, es soll die Mangelernährung ausgleichen, die alte Leute in ihrer Kindheit durchgemacht haben und die sich jetzt in ihrem Alterungsprozeß bemerkbar macht. Zur selben Zeit schmieden wir aber Pläne für die nächsten zwanzig, dreißig, auch vierzig Jahre, in denen eine völlig andere Beziehung zu älteren Menschen herrschen wird, in denen sie nämlich auf eine unmittelbare, frische Weise mit den Jungen und dem ganzen Gemeinwesen verbunden sein werden.

Das ist sehr schwierig, und es wird eine Fülle von Grenzfällen geben. Doch es ist möglich. Sicherlich werden wir mit dem Computer arbeiten. Wir müssen nur mit einer Organisierung des Gemeinwesens beginnen, bei der den Großeltern eine andere Rolle als heute zufällt, damit der Weg zu stärkerer Beteiligung der Älteren frei wird. Es genügt eben nicht, zehn Prozent staatlicher Wohnbauten für ältere Leute freizuhalten, wir brauchen stärker verzweigte Beziehungen.

Sie könnten zum Beispiel damit beginnen, daß die »Den-Mütter*« abgeschafft werden, die zu dem Unsinnigsten gehören, das erfunden wurde. Sie sind für kleine Jungen schädlich und schädlich für die Mütter, denn sie setzen nur die zu stark vertretene weibliche Gesellschaft in einer Zeit fort, in denen man lernen muß, ein Mann zu sein.

Es gibt unbegrenzt viele potentielle »Den-Großväter«, und sie sind mindestens so gut wie die Mütter für solche Aufgaben geeignet, ja sie können manches tun, was Mütter nicht können. Wenn wir also Vereine von Großeltern und Lehrern bildeten und die Großeltern in die Schulen zurückholten, wenn wir die Mütter durch Großväter ersetzten, wenn wir das tun könnten, was die *Oliver Wendell Holmes Association* zur Zeit plant, dürften wir mit Erfolgen rechnen. Die *Oliver Wendell Holmes Association* ist für Wohlhabende gedacht, könnte aber Auswirkungen auf Modelle für alle Schichten haben. Sie bieten Eltern und Schwiegereltern während der Ferien Kurse von höchsten akademischen Ansprüchen, so daß sie bei der Heimkehr nach vier Monaten Florida ganz auf der Höhe der Zeit sind.

Und sie können leichter auf der Höhe der Zeit sein als ihre

---

* »den-mothers« sind ältere Frauen, die in Kindertagesheimen die Aufsicht führen.

Kinder, weil sie Zeit zum Lernen haben. Es wird möglich sein, der Gesellschaft bemerkenswert gut informierte ältere Leute zurückzugeben, die Zeit haben, Zeitung zu lesen, und Zeit, Platon zu lesen, und Zeit, unsere Tradition am Leben zu erhalten. Sie werden aber zur gleichen Zeit ganz in der Gegenwart leben und können ihre Enkel und Urenkel deshalb etwas lehren, das sie viel besser als jeder junge Mensch kennen: das Wesen des Wandels selbst.

Wir haben uns in unserem Land beeilt, alte Leute beiseite zu schieben, weil sie aus einem anderen Land kamen und sich mit der Gemeindeschwester nicht recht vertrugen. Der allgemeine Stil solcher Auseinandersetzungen zwischen der Großmutter und der Gemeindeschwester und der Auseinandersetzungen zwischen den beiden Gruppen der Schwiegereltern hat sich in der Art, wie wir Angelegenheiten regeln, kristallisiert. Wir sind davon überzeugt, daß Großeltern und ältere Leute aufs Ganze gesehen eine Belastung bedeuten. Alte Menschen, die nur von der Vergangenheit reden, sind genauso ermüdend wie die Leute, die nur von der Gegenwart sprechen. Doch alte Menschen, die anschaulich und sinnvoll über die Schritte von der Kerze zur Kerosinlampe, zur Gaslampe und zum elektrischen Strom erzählen – die Übergänge von der Zeitung als Nachrichtenmittel zum Morsetelegraph, zum Rundfunk, Fernsehen und Nachrichtensatellit schildern können –, solche Leute können auf unschätzbare Weise dazu beitragen, in den Kindern ein Gefühl für die Wandelbarkeit zu wecken, für die Einsicht, daß die Welt nach zwanzig Jahren völlig und unglaublich anders aussehen wird als die Welt von heute.

Die einzigen Menschen, die das wirklich wissen, sind ältere Leute. Sie wissen, daß die Vergangenheit anders aussah, wenn die Heranwachsenden auch glauben, daß die Welt immer voller Transistorgeräte war. Die Jungen haben nie in einer anderen Welt gelebt, und sie können sich keine andere vorstellen, falls man ihnen nicht dazu verhilft. Sie sind so starr an Orange juice und Warmwasserleitungen gewöhnt, daß sie nicht mehr in alle Welt reisen können. Hier hat das Peace Corps gute Vorarbeit geleistet; es wird im allgemeinen sehr gut geführt, und die jungen Leute lernen, daß Menschen andere Nahrung essen, andere Sprachen sprechen und in Häusern anderer Art wohnen. Doch bei aller eifrigen Arbeit dieser Gruppe im Friedenscorps dauert es lange, diese Erfahrung zu vermitteln.

Früher haben wir primitive Kulturen, in denen die Großeltern eine Rolle spielten, mit den primitiven Kulturen verglichen, in denen sie es nicht taten, und dabei festgestellt, daß die Großeltern allgemein für Konservativismus sorgten, während dort, wo die Kinder von den Eltern aufgezogen wurden und noch nichts vom Ende des Lebens wußten, die Gesellschaft fortschrittlicher und flexibler war. Doch beides galt für fast statische Gesellschaften.

In verhältnismäßig statischen Gesellschaften kann zuviel Umgang mit den Großeltern selbst unbeweglich machen; doch in einer wechselnden, sich bewegenden Gesellschaft ist der einzige Weg, sich ein Gefühl für Veränderung und Bewegung zu erhalten, sich mit Großvater zusammenzusetzen und ihn erzählen zu lassen und die Ohren der zuhörenden Kinder mit der Vorstellung zu füllen, daß sich die Welt ganz unglaublich verändert hat.

Die Welt hat sich verändert, verändert sich, wird sich verändern, und diejenigen, die sich am meisten verändert haben, sind die älteren Leute, ein lebendiges und das beste Beispiel für die Veränderung überhaupt.

All das wird außerordentlich viel Vorstellungsvermögen erfordern, wenn wir die Beziehungen älterer Menschen zum Gemeinwesen aufbauen. Wir werden die aussondern müssen, die durch schlimme Lebensverhältnisse vorzeitig ausscheiden und nur noch Schutz und liebevolle Fürsorge brauchen. Viel mehr können wir nicht für sie tun, weil wir in der Vergangenheit nicht imstande waren, mehr für sie zu tun, oder weil wir es gar nicht versucht haben. Dennoch müssen wir den Dienst an ihnen leisten, ohne deshalb etwas davon in das künftige Bild des Alterns zu übernehmen. Wir haben ein Bild der Zukunft zu entwerfen, in der es *das* Gemeinwesen gibt, *die* Wohnverhältnisse, *die* Bildungseinrichtungen, die es ermöglichen, daß der Mensch niemals zu lernen aufhört; eine Zukunft, in der wir nicht mehr kraftvolle Fünfundsechzigjährige in Gettos verdammen, sondern imstande sind, fast die ganze großelterliche Generation und einen guten Teil der urgroßelterlichen für den Bau einer Gesellschaft einzusetzen, die flexibel genug ist, um sich ständig selbst zu erneuern, ständig fähig zur Veränderung.

Das Recht auf den eigenen Tod

Die Menschen haben keinen Einfluß auf ihre Geburt. Sie können sich ihre Eltern nicht aussuchen, nicht wählen, wann und wo sie geboren werden oder wer ihre Schwestern und Brüder sein sollen. Jeder von uns steht, sobald sein Bewußtsein erwacht, in einem nicht aufzuhebenden Zusammenhang, der zu einem sehr großen Teil bestimmt, wie unser Leben verlaufen wird. Wenn es auch manche Völker glauben – zum Beispiel die Omaha-Indianer, die annehmen, daß sich Zwillinge ihre Eltern aussuchen –, besteht doch keine Aussicht, daß sich an diesem Ausgeliefertsein an die biologischen Anfänge etwas ändern läßt. Wir können nur versuchen, so viel Freiheit und Unabhängigkeit für den einzelnen herauszuarbeiten, wie es der jeweilige Stand des sozialen Systems erlaubt. In der westlichen Welt haben wir schon eine weite Strecke auf dem Weg zu solcher Unabhängigkeit zurückgelegt. Wen ein Mensch heiratet, ob er Kinder haben will oder nicht, welchen Beruf er ergreift, wo er leben will: das alles sind Angelegenheiten, die ohne ein Veto der Verwandtschaft entschieden werden und die wir nun auch noch von wirtschaftlichen Zwängen zu befreien versuchen. Und fast jedes Kind, das heute geboren wird, kann heranwachsen.

Doch unser medizinisches Wissen und Können hat uns eine Freiheit beschnitten, die unsere Vorfahren viel deutlicher als wir verwirklichen konnten: Früher gab es keine Methoden, Menschen am Leben zu erhalten, wenn das Gehirn schon lange aufgehört hatte, ihnen eine bewußte Beziehung zur Umgebung zu vermitteln. Man konnte sich dem Alter mit der Erwartung des Todes nähern und brauchte nicht zu fürchten, Monate, vielleicht Jahre als kostspieliges menschliches Wrack vegetieren zu müssen.

Heute droht diese Möglichkeit aber allen, die ins hohe Alter kommen, und sie bringt die Angst mit sich, »am Leben erhalten« zu werden ohne jede Hoffnung, noch einmal menschliche Beziehungen zu Familie und Freunden aufnehmen zu können.

Doch nach dem gegenwärtigen Stand unserer Medizin sind Ärzte und Schwestern verpflichtet, das Leben jeder Person zu erhalten, ohne Rücksicht auf Alter, Geschlecht, Stand oder Rasse, und zwar so lange, wie noch ein Fünkchen Leben flackert. Ohne diese Verpflichtung hätten wir nicht die moderne medizinische Versorgung. Doch mit ihr stehen wir vor einem neuen Problem der Leidenden oder Alten, die weit über die Frist hinaus am Leben bleiben, die sie selbst oder ihre Angehörigen wünschen.

Wir können hier weder Ärzte noch Schwestern um Hilfe bitten. Sie müssen unabdingbar dem Leben verpflichtet bleiben. Doch es gibt einen anderen Weg. Wer bei vollem Bewußtsein ist, kann eine Operation, eine Blutübertragung oder irgendein anderes empfohlenes medizinisches Mittel ablehnen. Und wie es möglich ist, viele Jahre vor dem Tod – bei gesundem Verstand – ein Testament aufzusetzen, so ist es auch möglich – bei gesundem Verstand –, eine rechtlich gültige Willenserklärung aufzusetzen, die einen medizinischen Eingriff verbietet, falls er zu einem Zustand führen könnte, der zwar als Leben bezeichnet wird, aber Leben ohne Sinn ist und nur Last für die Umgebung bedeutet. Wie der Arzt die Ablehnung einer Operation durch den Kranken respektiert, so muß auch eine derartige rechtlich gültige Verfügung beachtet werden. Ist sie einmal aufgesetzt, können alte Menschen ohne den Alptraum vom Dahinvegetieren ihr Leben zu Ende leben.

Das ist allerdings immer noch eine negative Möglichkeit: das Recht, nicht gerettet zu werden; doch es fehlt das positive Recht, selbst den Augenblick zu bestimmen, von dem ab das Leben seinen Sinn verloren hat. Vor langer Zeit konnte bei den Eskimos, die immer am Rande des Hungertodes lebten, ein alter Mensch, der nichts mehr für die Familie zu leisten vermochte, in Würde seine Todesstunde wählen. Heute beurteilen wir den Wert eines Menschen nicht mehr nach seinem wirtschaftlichen Beitrag, sondern nach seinem Dasein als fühlendes menschliches Wesen. Ich glaube, wir könnten eine Ethik entwickeln, nach der sich das Individuum nicht nur dagegen wehren kann, wider Willen am Leben erhalten zu werden – wie es ihm heute geschieht, wenn es nicht rechtzeitig Einspruch erhoben hat –, sondern sich auch für das Sterben entscheiden darf.

Die jetzige Generation älterer Leute kann diese Wahl nicht treffen, denn der Lebenswille, der sie durch die Gefahren der Kindheit trug, ist noch so kräftig, daß sie Jahre weiterleben, unfähig zum Sterben. Doch damit beeinflussen sie ihre Nachkommen, die beim Anblick eines so sinnlosen Weiterlebens zu dem Entschluß kommen können, sich selbst einmal nicht an ein Dasein zu klammern, dessen Sinn dahin ist.

Wer heute in seinen mittleren Jahren steht, wird eine neue Einstellung zum eigenen Leben entwickeln; er wird ein langes Leben, das ihn menschlich bleiben läßt, begrüßen, sich aber von der unmenschlichen Langlebigkeit abwenden, die er an anderen beobachtet und unter der er gelitten hat.

Das Interesse an der Herzverpflanzung bringt solche Fragen mit sich, vor allem aber auch die Einsicht, daß die alten Kriterien für Leben – Herzschlag und Atmung – geändert werden müssen. Wenn der Hirntod als Kriterium des Lebensendes von der Gesellschaft angenommen und definiert würde, verschwände damit ein Alptraum, der die Älteren heute heimsucht.

Euthanasie ist ein furchtbarer Begriff. Keine Gesellschaft, die sich die Fürsorge für alte Menschen leisten kann, darf sie zum Tode verurteilen oder ihnen Fürsorge verweigern. Nur falls der einzelne in jungen Jahren, wenn er gesund und kräftig genug ist, um selbst zu entscheiden, seinen Willen entsprechend bekundet, können wir hoffen, daß wir unseren hohen Stand in der Medizin und der Krankenpflege mit der medizinischen und pflegerischen Verantwortung vereinen – daß wir unseren Wohlstand, der es unmöglich macht, Fürsorge zu verweigern, mit unserer Achtung vor der individuellen Integrität und dem Recht auf eigene Entscheidung verbinden.

Das Ritual als Ausdruck des kosmischen Sinns

Läßt sich eine Formulierung finden – wie sie die Anthropologen für das Studium einer Kultur anstreben –, mit der die liturgische Bewegung zu beschreiben ist? Das Problem liegt meiner Meinung nach darin, daß wir alles in einem Zusammenhang unterbringen möchten: den Willen, alle Schranken einzureißen – die Schranken, die Bischöfe von anderen Leuten, Rassen von Rassen und Laien von Laien trennen (obwohl man noch nichts von Laien-Kindern hört, bin ich doch überzeugt, daß auch das bald kommen wird); den Willen, in die Vergangenheit zurückzukehren und in die Zukunft vorzustoßen, und den Willen, dabei alle einzubeziehen, die beleidigt und verloren sind, alle Verarmten und Ausgebeuteten der städtischen und ländlichen Elendsgebiete, und zwar nicht nur bei uns, sondern überall in der Welt.

An diesem Punkt der menschlichen Geschichte verbindet sich der Wunsch, alle Menschen einzubeziehen, mit unserer modernen Forschung, mit dem Bemühen, die Tiefen der Ozeane zu ergründen, uns in den Weltraum zu wagen und zu erfahren, ob die Bewohner von Erde (nicht »der Erde« oder »dieser Erde«, sondern »Erde«, wie man von »Mars« oder »Venus« spricht) wirklich die einzigen fühlenden Geschöpfe des Universums sind. Nach einem Zeitalter der Konzentration auf unsere Welt bewegen wir uns nun in das Sonnen- und Milchstraßensystem hinein und wissen noch nicht, wie weit wir kommen werden.

In das, was wir zu einem neuen Ganzen zusammenfügen möchten, sollte noch etwas einbezogen werden: die Schönheit der Liturgie. Die Verwendung kostbarer Metalle, schöner Bauwerke, reicher Farben gehört dazu. Das sollte man nicht vergessen, denn wenn wir auch das Gefühl haben, kein Geld an kostbare Gewänder verschwenden zu dürfen, solange es in der Welt Hungernde gibt, sollte doch unser Bemühen, Hunger und Armut zu mildern, nicht die Entwicklung von Schönheit jeder Art in der Liturgie ausschließen.

Sollte ich die liturgische Bewegung beschreiben, würde ich sagen, daß es sich um einen ungewöhnlichen Durchbruch von Schranken handelt, ein Durchbrechen der Grenzen, die, wie viele Menschen fühlen, einen Teil ihres Lebens von einem anderen abgetrennt hatten. Wenn das Abendmahl in das einfachste Heim gebracht wird, weitet es sich zur Kathedrale, und gleichzeitig scheint das Geschehen in den Kathedralen in völlig unvorhersehbarer Weise in Bewegung zu geraten. Das Ritual ist ein außergewöhnlich wichtiger Teil jeder Kultur, aller Kulturen, von denen wir wissen, und hoffentlich auch der künftigen.

Ich könnte hier natürlich darstellen, wie Feuer und Wasser, Dunkelheit und Licht, Erde und Lebendes in der ganzen Welt als Sinnbilder neuen Lebens verstanden werden; ich könnte die vielen Formen des Rituals beschreiben, die des Menschen Bindung an den irdischen Teil seines Wesens durchbrechen oder reinigen, und all die verschiedenen Überzeugungen und Handlungen, die die Rituale aller Kontinente zusammenschließen und einen Widerhall zwischen den Riten der Christenheit und denen anderer Völker und anderer Religionen wecken. Statt dessen stelle ich aber lieber dar, was wir als Naturwissenschaftler wissen, als Anthropologen, die sich mit den verschiedenen Arten der Menschen beschäftigen und doch wissen, daß alle zu einer Spezies gehören. Darin liegt eine biologische Bestätigung des Gedankens, daß alle Menschen Brüder sind, wie es die Kirche immer vertreten hat, wenn der Gedanke auch für viele Geistliche und ihre Gemeinden Schwierigkeiten bot und auch heute noch bietet. Doch wir haben jetzt eine wissenschaftliche Grundlage für unseren Glauben an die Bruderschaft der Menschen, eine sehr hilfreiche Bestätigung für die Theologen von heute: Wir wissen, daß der kleinste Pygmäe und der isolierteste australische Eingeborene zur selben Spezies wie wir gehören, und wir wissen, daß alle Menschen die gleichen menschlichen Merkmale haben – wie auch Merkmale, die uns ebenso stark mit der Welt der Natur verbinden.

Im ausgehenden neunzehnten und zu Beginn des zwanzigsten Jahrhunderts waren die Naturwissenschaftler fasziniert, ja geradezu besessen von der Fragestellung, wie sehr der Mensch den Primaten gleicht, den Vögeln, anderen lebenden Geschöpfen; ihre Studien unterstrichen das, was wir sehr gut als unsere Kreatürlichkeit bezeichnen. Doch die Naturwissenschaft in der zweiten Hälfte des zwanzigsten Jahrhunderts hat begonnen – und wird sicherlich damit fortfahren –, das zu erforschen, was ausschließlich zum Menschen gehört. Denn wenn Menschen auch essen, trinken und schlafen und für die Jungen sorgen wie viele andere lebende Wesen, so haben sie doch bestimmte, durch wissenschaftliche Forschungsmethoden zu identifizierende Merkmale, die nur zu ihrer Spezies gehören.

Dazu gehört auch das Bemühen des Menschen, im Universum einen Sinn zu erkennen. Die Suche nach dem Sinn ist als *kosmischer Sinn* oder *kosmologischer Sinn* bezeichnet worden – ich ziehe die einfachere Form vor. Allmählich haben wir erkannt, daß es mehr als die »fünf Sinne« gibt, daß der Mensch das Universum mit sehr viel mehr Sinnen erfährt. Kosmischer Sinn bezeichnet das Bedürfnis des Menschen – das sich schon in jedem Kind und in jeder Kultur findet –, sich in eine Beziehung zum Universum zu setzen und es zu begreifen, damit das einzelne Dasein einen Sinn erhält. Unsere Kenntnisse von diesem kosmischen Sinn stammen einmal aus der Beobachtung von Kindern, dann aber auch aus vergleichenden Studien über viele lebende Kulturen. Unsere Kenntnisse lassen die Feststellung zu, daß unser Bedürfnis, einen Sinn des Universums zu finden, so wirklich ist wie das Bedürfnis nach Vertrauen und Liebe, nach Beziehungen zu anderen Menschen. Man hat nachgewiesen, daß Säuglinge sterben, die nicht von klar identifizierbaren Personen gepflegt wurden: Säuglinge in Waisen- und Findelhäusern, die gut gepflegt und medizinisch versorgt werden, aber keine Bezugsperson haben, an die sie sich halten können. Es ist ein grundlegendes Merkmal des Menschen, daß er in seiner ersten Kindheit eine enge Beziehung zu einem anderen Menschen haben muß, um menschlich zu werden. So kann aber auch das Bedürfnis, eine Beziehung zum Universum zu haben, dem Leben einen Sinn zu geben, die Außenwelt wahrzunehmen, sie in sich aufzunehmen und etwas davon wieder zu äußern, als ein grundlegendes menschliches Merkmal beschrieben werden. Dieses Bedürfnis findet in der kirchlichen Liturgie seinen Ausdruck.

Das »Zungenreden« entspricht dem, was ich hier sagen möchte. Denken wir einen Augenblick lang an den ausdrucksfähigsten, begabtesten und künstlerischsten Menschen, den wir jemals kennengelernt haben, einen Menschen mit der schöpferischen Fähigkeit, die tiefste Vision umzusetzen in Malerei, Musik, rituellen Tanz. Ganz gewiß ist diese schöpferische Fähigkeit sehr selten und sehr ungleich auf die Menschen verteilt. Und denken wir einen Augenblick lang an unser tiefstes religiöses Erlebnis oder, wenn wir glauben, daß unsere eigenen religiösen Erfahrungen nicht die von Heiligen sind, an das tiefste religiöse Erlebnis, von dem wir je gelesen haben oder dem wir bei einem anderen Menschen begegnet sind. Ganz gewiß ist auch die Fähigkeit zum religiösen Erlebnis sehr ungleich auf die Menschen verteilt. Beide Fähigkeiten zugleich sind wiederum außerordentlich selten denselben Menschen gegeben – das gilt schon für die einfachsten, die ich je studiert habe, ein Bergvolk in Neuguinea.

Nur sehr wenige Menschen haben die Fähigkeit, das Transzendente tief und stark zu erleben. Wären es dieselben Menschen, die auch mit der schöpferischen Begabung ausgestattet sind, ihr Erlebnis in Sprache, Malerei oder unmittelbarem Gebet auszudrücken, dann hätten wir ein Ritual vielleicht nicht so nötig. Denn dann würde das Erlebnis unmittelbar seinen gleichwertigen Ausdruck finden, an dem diejenigen, denen Erlebniskraft und Ausdrucksmöglichkeit abgeht, teilhätten. Doch weil diese beiden Begabungen so ungleich verteilt sind, kommt es zu sehr ausgeprägten Gegensätzen: Einerseits finden wir das kunstvolle, schöne, formbetonte Ritual, das von ästhetisch begabten Menschen im Laufe der Zeiten gestaltet worden ist – andererseits Menschen, denen solche besonderen Gaben fehlen, deren religiöses Erleben aber alle Ausdrucksformen durchbricht. Ich glaube, der einzelne spricht dann in Zungen, wenn seine Fähigkeit, das Erlebnis in eine Form zu bringen, versagt. In bestimmten Augenblicken der Geschichte geschieht es, daß es den unmittelbar und stark Empfindenden an Worten, Handlungen, Ritualen fehlt, die das Erlebnis ganz aufnehmen könnten; dann verlassen sie vorübergehend das Gefüge der Sprache.

Manche Gesellschaften sind als Ganzes außerordentlich arm in dem Sinne, daß ihre Rituale und künstlerischen Formen armselig sind, daß oft auch ihr Erleben flach bleibt. Die Kinder haben das Bedürfnis, einen Sinn in der sie umgebenden natürlichen

Welt zu suchen, und ebenso ein Bedürfnis, diese Welt zu transzendieren. Wenn die Formen vorhanden sind, geglättet in vielen Generationen durch die Vorstellungskraft und Begabung vieler Menschen, kann auch die Phantasie der Kinder geweckt, lebendig gemacht und erhellt werden durch diese vorhandenen Formen, die zur Aufnahme neuer Inhalte bereit sind. Das ist in einer flachen, armseligen, rituell verarmten Umgebung nicht möglich.

Gewisse Gesellschaften haben in ungewöhnlichem Maß die Ausdrucksfähigkeit in Musik, Kunst und Ritual entwickelt. Bali gehört dazu. Auf Bali genießen die Leute, die sich um die liturgische Reformbewegung innerhalb der römisch-katholischen Kirche bemühen, eine wunderbare Zeit. Die Sprache hat eine Resonanz wie Glockenläuten, und die Balinesen sind so phantasievoll, daß sie im Augenblick ein Mysterienspiel erfinden können. Sie sind als Schnitzer und Maler so begabt, daß man sie nur vor eine große weiße Wand zu stellen braucht, damit sie im Handumdrehen die wunderbarsten Ungeheuer malen. Die Balinesen sind tatsächlich ein Volk von außerordentlich beseelter Vorstellungskraft – und auch aus diesem Grunde bereit, die Grundlinien der christlichen Tradition mit eigener Hand und eigener Stimme aufzunehmen und dem christlichen Ritual eine neue und bezaubernde Form zu geben, die tief in ihren eigenen Symbolismus hineinreicht.

Im Gegensatz dazu gibt es Völker, die kaum eine Fähigkeit zu rituellem Ausdruck entwickelt haben. Ich habe bei einem Volk gelebt, dessen Hauptritual das Spucken von Betelnußsaft ist. Der Saft ist rostrot, die Nuß selbst hübsch hellgrün und kugelig rund, der Kalk, mit dem sie gekaut wird, weiß. Will man bei einer Predigt von etwas in sich Geschlossenem sprechen, kann man die Betelnuß als Entsprechung heranziehen. Doch die Symbolgruppe ist dürftig, und es läßt sich nur mühsam darauf aufbauen.

Beim Vergleich verschiedener Kulturen oder derselben Kultur zu verschiedenen Zeiten oder der einzelnen Teile einer Überlieferung zeigen sich solche Gegensätze sehr häufig. In der christlichen Tradition sind wir leider oft der Neigung zu Extremen verfallen, wenn wir Bruchstücke des Ganzen aussonderten. Wenn eine solche Zerstückelung stattfand, haben diejenigen, die ein Bruchstück herausgriffen, es oft nicht als besonderen Ausdruck *für* das Ganze angesehen, sondern ziemlich hartnäckig *als* Version des Ganzen ausgegeben. Wenn man viele solcher Versionen miteinander vergleicht, wird deutlich, wie unterschiedlich begabt die einzelnen Gruppen für die Gestaltung von solchen Ritualen sind, die überdauern konnten und soviel inneren Zusammenhalt hatten, daß jeder in diese Gesellschaft Hineingeborene daran teilhaben konnte.

Hier liegt, wie ich es sehe, der Versuch der gegenwärtigen liturgischen Bewegung, innerhalb des traditionellen Rituals der Kirche die alten Symbole zu verwenden, sie aber in einem lebendigen, frischen Verständnis zu benutzen, damit wir selbst und auch das Ritual aus einer Formenstarre befreit werden, die keine neue Vision aufnehmen kann. Sprachen kann das gleiche zustoßen: Wir reden davon, daß eine Sprache eine Epoche großer Fruchtbarkeit erlebt und dann wieder in eine Erstarrung verfallen kann, in der die Gedankenwelt einer ganzen Epoche zum Fossil wird.

Das Ritual muß den inneren Zusammenhang haben, der eine Tradition für alle, die in ihr leben, zugänglich macht. Aber das ist nicht seine einzige Funktion: Ritual verhilft den Menschen auch zu intensivem Gefühl in Augenblicken, in denen die Empfänglichkeit fehlt. Das gilt besonders für die Zeremonie des zweiten Begräbnisses, das in manchen Teilen der Welt üblich ist. Das Ritual des zweiten Begräbnisses kennen viele Völker, und es soll in den meisten Fällen die Trauernden von den verschiedenen Pflichten der Trauerzeit befreien. So kann das Ritual etwa begangen werden, wenn die Knochen ausgegraben werden, wenn man den Kopf an einen anderen Platz bringt, wenn die Witwe oder die Eltern aus ihrer Isolierung geholt werden, und so fort. In verschiedenen Kulturen kann jede aus einer ganzen Serie von Handlungen das Zeichen für die Zeremonie des zweiten Begräbnisses bedeuten. Vom Trauernden wird verlangt, daß er dann wieder mit der gleichen Eindringlichkeit trauert, doch da das Ritual vielleicht erst ein Jahr oder noch später nach dem Todesfall stattfindet, mag die verzweifelte Trauer längst besänftigt sein. Bei einem Volk, das ich auf Neuguinea erforscht habe, hat man dann eine bestimmte Art, den Kopf so zu schleudern, daß sich der Schmerz wieder einstellt. Die Frauen werfen im Sitzen den Kopf so lange herum, bis sie in einen Zustand geraten, in dem sie ihre Trauer so überzeugend zum Ausdruck bringen können wie am Sterbetag des Toten. Ihr Trauern gleicht physiologisch dem ersten Ausdruck des Schmerzes, und für den Augenblick ist die ursprüngliche Trauer wieder lebhaft vorhanden.

Das also ist die zweite Funktion des Rituals – es soll die Menschen über die unvermeidliche Taubheit hinwegtragen, die auf die Augenblicke erhöhten Gefühls folgt, und die Ekstase wieder herstellen, die ein so sehr vergängliches Erlebnis ist: Die Wiederkehr des Rituals bestätigt, daß es das Gefühl einmal gab und daß es wiederkommen kann. Darin liegt natürlich auch der eigentliche Sinn des Familienrituals, der Hochzeitstage, Geburtstagsfeste und Familienversammlungen und all der anderen Zeremonien, mit denen wir eine Empfindung auf rituelle Weise wiederzuerwecken versuchen, die zwar vorhanden, der aber vielleicht jede Ausdruckskraft abhanden gekommen ist. Diese zweite Funktion des Rituals gibt es überall auf der Welt.

Augenblicklich versuchen alle an der liturgischen Bewegung Beteiligten, eine alles umfassende Form zu finden, eine Form, die alle Völker der Welt zu einem Ganzen zusammenfaßt, die alles einbezieht, was der Mensch lernt, jeden Ort, wohin auch immer ihn sein Weg führt. Und wenn die Form das erfüllt, dann wird sie die Ereignisse unserer Zeit erhellen – ob es ein Treffen der Bürgerrechtsbewegung ist, ein Ereignis auf dem kleinsten Inselchen im Ozean oder die Osterfeier am Heiligen Grab in Palästina. Wenn sie so auf die Gegenwart antwortet, kann die liturgische Bewegung sich auf unser gegenwärtiges Wissen von den Fähigkeiten des Menschen und auf unsere Erkenntnis stützen, daß der kosmische Sinn erforscht und verstanden und mit den von uns zu schaffenden Ritualen verbunden werden kann. Dann mag auch endlich der alte Streit zwischen der Naturwissenschaft und der Religion durch einen Dialog ersetzt werden, in dem alles, was wir wissenschaftlich aus der Erforschung des Menschen – vor allem des Kindes – wissen, durch die historische und die gegenwärtige Inspiration der Kirche erleuchtet werden kann.

Die Unsterblichkeit des Menschen

Wie die Erforschung des Kosmos das Verständnis des Menschen für das ihn umgebende Universum erweitert hat, so haben auch die Worte von Psalm 19

»Die Himmel erzählen die Ehre Gottes,
und die Feste verkündigt seiner Hände Werk«

für den Schriftsteller im Jahre 1600 oder 1800 oder 1972 jeweils eine ganz andere Bedeutung angenommen. Die Untersuchungen der Fossilien und die der Veränderung an lebenden Formen haben den alten verdichteten Aussagen über die Schöpfung neuen Sinn gegeben. Ebenso können wir erwarten, daß unser Verständnis für die Sehnsucht des Menschen nach Unsterblichkeit neue Bereiche eröffnet, wenn wir vergleichende Studien über die Art und Weise durchführen, in der man versucht hat, den Menschen als ein Wesen zu verstehen, das eine von seinem körperlichen Dasein getrennte Seele oder Geist besitzt. Jedes große religiöse System trug in seinen Erklärungen bereits die Begrenzungen in sich, die durch den Wissensstand seiner Ausleger bestimmt wurden. Während wir sagen können, die eigentliche Bedeutung des Wortes »Prophet« heiße, daß seine Inspiration die Grenzen von Raum und Zeit und den Stand des Wissens, in dessen Rahmen die Prophezeiung gemacht wurde, überwindet, muß die Inspiration trotz allem entweder in Begriffen von ungeheurer Allgemeinheit und Allgemeingültigkeit oder in den vertrauten Sprachfiguren der Zuhörer gegeben werden, und dann verliert eine Wendung wie »In meines Vaters Haus sind viele Wohnungen« ihre Allgemeingültigkeit, sobald sich mit dem Bild Marmorfußböden oder

Ziegeldächer verbinden. Die Menschen unterscheiden sich auch darin, ob sie eher zu einem unbestimmten blassen Bild der Unendlichkeit ohne vertraute Form oder Farbe neigen oder zu einer sehr bestimmten Vorstellung, die ihrem engen Erfahrungsbereich entspricht. Wir können darüber leicht die Grenzen übersehen, die unseren zur Zeit ziemlich hochfliegenden Vorstellungen vom Ort des Menschen im Universum gezogen sind, sei es durch den euro-amerikanischen Provinzialismus, sei es durch den geräuschvollen Materialismus einer stürmischen naturwissenschaftlichen Entwicklung. Anthropologische Materialien – Vergleiche mit anderen, vor allem mit primitiveren Kulturen – sollten es uns ermöglichen, den besonderen Charakter unserer historisch begrenzten Auffassung der Unsterblichkeit richtig einzuschätzen und so unsere Einsicht in die Reichweite des Themas zu vertiefen und zu erweitern. Wenn heute Amerikaner oder Europäer an Unsterblichkeit denken, meinen sie damit das Weiterleben nach dem Tode in einer anderen Sphäre und das Überdauern der persönlichen Identität. Tatsächlich scheint es schwierig zu sein, sich Unsterblichkeit anders als in diesen drei Begriffen vorzustellen.

Jeder dieser drei – für uns – sehr wesentlichen Aspekte kann aber völlig unterschiedlich verstanden werden. Denken wir zunächst an die Periode von Unsterblichkeit, die nach unserer Vorstellung mit der Geburt oder der Zeugung beginnt und sich dann in alle Zeit erstreckt. Doch es gibt Völker, die sich stärker um die Prä-Existenz kümmern – so müssen wir es wohl ausdrücken, da wir ja so viel Gewicht auf diese eine Existenz in der Welt legen. Für solche Völker ist die Prä-Existenz der Seele, bevor sie in ein menschliches Dasein tritt, genauso entscheidend wie für uns das Weiterleben nach dem Tode. Der Volksglaube osteuropäischer Juden schrieb der Seele ein ewiges Dasein seit der Schöpfung zu; sie wartet nur auf das Geborenwerden, und kurz vorher nimmt ein Engel sie mit auf eine Reise durch Raum und Zeit. Im Augenblick der Geburt aber tilgt er mit einem Hauch alles Wissen aus ihrem Gedächtnis. Die palästinensischen Araber glauben, daß Engel bei der Zeugung Seele und Erde zusammenfügen und daß das daraus geformte Wesen sein Leben auf der Wanderung zu dem Ort verbringt, von dem diese Erde stammt, denn dort wird das Leben enden. Diese Interpretation gibt den Worten beim kirchlichen Begräbnis, »von Erde bist du genommen, zu Erde sollst du werden«, einen neuen Nachdruck.

Vielleicht noch weiter verbreitet als der Glaube an eine Unsterblichkeit bei einmaligem Aufenthalt in der Welt sind die Auffassungen, nach denen die Seele immer wiederkehrt. Manche Völker stellen sich hier einen einfachen Kreis der Wiederholungen vor, der seit Beginn der Welt sich dreht und bewirkt, daß ein Mensch in einem seiner Nachkommen wiedergeboren wird – manchmal in demjenigen, der seinen Namen trägt, manchmal in irgendeinem aus einer vorherbestimmten Generation. In den großen Religionen des Ostens sind natürlich diese Gedanken kunstvoll weitergeführt worden; die Seele kann danach niedrigere Formen als die des Menschen annehmen und viele Leben leben, wobei sie für die Lebensweise, die sie jeweils führt, in der nächsten Inkarnation belohnt oder bestraft wird, bis sie, endgültig gereinigt, der Bürde weiterer Inkarnationen entkommt.

Auch der zweite Aspekt unseres Bildes von Unsterblichkeit – das in einer anderen Sphäre fortgesetzte Leben – erfährt viele Abwandlungen. Viele Völker glauben, daß die Seelen der Vorfahren in ihrer Nähe, in der Nähe ihrer Gräber oder der von ihnen früher bewohnten Häuser, verweilen und über Gesundheit und Wohlergehen der lebenden Sippe wachen. Bei solchen Vorstellungen führt der Tod in einen anderen Seinszustand, doch die entkörperte Person lebt weiter in der vertrauten Umgebung. Wenn die künftige Welt an einem anderen Ort gedacht ist – im Himmel, in der Erde, unter dem Meer –, kann das wiederum verschiedene Bedeutung haben: Es kann ein Zustand unveränderter, beständiger Glückseligkeit sein – so, wenn die polynesischen Häuptlinge zu Pfeilern im Haus der Götter werden – oder eine erstarrte Verzückung, eine ewige Anbetung der Gottheit, aber auch eine Welt voller Ereignisse, von denen die nächste Inkarnation bestimmt wird, schließlich auch eine Welt, in der Belohnung und Strafe abgestuft sind. Offenbar gehört es zum Wesen des Menschen, daß er viel phantasievoller über die Hölle als über den Himmel denkt, denn während die künftige Welt entweder ohne Einzelheiten nur erwähnt oder mit ausgewählten Herrlichkeiten dieser Welt angefüllt ist, wird die Folter der Verdammten immer wieder mit Eifer und Anschaulichkeit ausgemalt. Vielleicht wird sich die wachsende geistige Reife des Menschen in den Jahrhunderten, in denen sich seine Kenntnis des Universums durch Erforschung und Experiment vertieft, an seiner wachsenden Begabung messen lassen, das Gute so lebhaft zu schildern wie in der Vergangenheit das Böse.

Drittens geht es um das Überdauern der Identität. Unser Gefühl für personale Identität ist so stark, daß wir sie nicht vom Gedanken der Unsterblichkeit trennen können. Doch viele Völker sehen das Problem ganz anders. Die Balinesen, die eine indonesische Version des Hinduismus haben, glauben an eine Form von Wiederverkörperung innerhalb einer Familie in endloser Wiederkehr, aus der ein Entrinnen nur den Rajahs möglich ist, für die große Zeremonien abgehalten werden können, oder gelegentlich einer geweihten jungfräulichen Tempeldienerin. Seelen, in unbegrenzter Zahl für jede Person, werden im Urenkel wiederverkörpert, und wenn der Urgroßvater auf der Straße seinem Urenkel begegnet, muß er ihm einen Pfennig schenken, denn er hat kein Recht, zur gleichen Zeit zu leben. Wenn in Bali jemand stirbt, weint niemand, nur um einen Säugling von wenigen Monaten darf die Mutter trauern, und wenn die Verwandten das Grab ausheben, dürfen sie dem verstorbenen Kind Vorwürfe machen: »Das nächste Mal, wenn du kommst, bleib länger, und iß wenigstens Reis mit uns, bevor du gehst.« Zum Begräbnisritual gehören Handlungen, die der nächsten Verkörperung einen schöneren Körper verschaffen sollen, doch jedes Gefühl für personale Identität ist verschwunden. Man kann auch auf der Erde oder in dem trüben Purgatorium seine nächste Inkarnation verschlechtern; so wird eine lange Pechsträhne vielleicht auf eine Schuld zurückgeführt, die sich die Seele während ihres Aufenthalts in der anderen Welt aufgeladen hat, und man sagt: »Ich habe Pech in dieser Inkarnation.« Man mag auch einem Bettler eine Gabe mit der Bemerkung reichen: »Ich würde nicht wagen, ihm nichts zu geben. Wer weiß, wann ich wie er sein werde! Wir alle wechseln einander ab.« Und eine Mutter sagt ihrem Sohn, der sich plötzlich für Glücksspiele interessiert: »Die Seele, die sich in dir verkörpert hat, muß ein großer Spieler gewesen sein!« Doch das alles bleibt ganz unpersönlich, keine individuelle Identität ist im Spiel. Das zeigt sich besonders ausgeprägt daran, daß niemand imstande ist, Benehmen und Aussehen eines vor kurzem Verstorbenen zu beschreiben. Der Körper stirbt vollständig, die Seelen vereinigen sich mit anderen und kommen zurück.

Doch die Balinesen haben große Mühe, sich des Körpers zu entledigen. In einer Zeremonie nach der anderen versuchen sie, ihn vollständig zu vernichten. Es gibt das erste Begräbnis oder eine längere Periode, in der die Leiche bewahrt und bewacht wird, ehe man sie verbrennt. Aus der Asche werden die Knochen herausgesammelt und in Form eines Skeletts auf einem Miniaturdorf im Friedhof ausgelegt. Die Seelen dagegen, durch menschliche Figürchen verkörpert, tragen junge Mädchen in das häusliche Heiligtum. Dort erhalten sie Erfrischungen und werden dann zu den Knochen zurückgebracht. Dann zerstampft man die Knochen zu Asche und füllt sie in Behälter, die wiederum menschliche Formen haben. Auch diese werden verbrannt, und die dann entstandene Asche bringt man ans Ufer und schickt sie in kleinen Kanus aufs Meer hinaus. Nach zweiundvierzig Tagen werden, diesmal ohne jeden Bezug zum einstigen Körper, die Seelen dargestellt, die nun als Teil des häuslichen Pantheons von ihren Nachkommen angebetet werden. Die Lösung jeder Verbindung zum Körper ist also die Vorbedingung, um die Beziehung zu den Seelen aufrechtzuerhalten.

Einen ausgeprägten Gegensatz dazu bildete noch 1929 der Glaube der Lagunenbewohner von den Admiralitätsinseln. Hier führten die Seelen, die durch die Zeugung ins Dasein getreten waren, unmittelbar nach dem Tode ihr kraftvollstes und mächtigstes Leben. Ein männlicher Verstorbener wurde zum Herrscher der Sippe. Sein Schädel lag im Dachbalken und gab durch Wahrsager oder Medien seine Wünsche bekannt und belohnte oder bestrafte Unterlassungen und Verstöße; Nachbarn, die mit der Sippe in einen wirtschaftlich begründeten Streit geraten waren, ließ er seine Rache fühlen. Doch seine Herrschaft, während der er heiratete und zuweilen Geisterkinder bekam, dauerte nur so lange, wie er imstande war, die lebenden Männer der Sippe vor der Bosheit anderer Geister zu schützen. Wenn der nächste Mann starb, wurde der vorige abgesetzt, man warf seinen Schädel fort, und er wurde zum heimatlosen, boshaften Bewohner der Lagune, gehörte zuerst einer Reihe anonymer Sippengeister an, wurde dann zur Seeschnecke und hörte schließlich, wenn nach einigen Generationen alle Erinnerung an seine Zeit auf Erden vergangen war, zu existieren auf.

Als sich die Manus für das Christentum entschieden, warfen sie alle Schädel der Wächtergeister ins Meer und entledigten sich so auf einen Schlag all ihrer herrschenden Toten. Sie haben heute eine neue Kultur mit vielen westlichen Gedanken und eine lokale Version des Christentums, die von keiner Mission gutgeheißen wird. Ihr sehnlicher Wunsch ist es, sich zu vervielfachen und so zahlreich zu werden wie die Amerikaner, die während des Zweiten Weltkriegs die ganze Inselwelt überschwemmten. Und sie haben die Idee der Wiedergeburt für sich entdeckt: Da sie es als Verschwendung ansehen, wenn die Seelen von Säuglingen in den Himmel kommen, wie es ihnen von den Missionaren beigebracht worden ist, beten sie zu Gott, sie ihnen in einer neuen Verkörperung zurückzuschicken. So haben sie sich im Zeitraum weniger Jahre von einer extremen Auffassung der Sterblichkeit klar identifizierbarer Individuen – denen ein kurzes Weiterleben mit nachfolgender Vernichtung beschieden war – durch die Annahme christlicher Vorstellungen vom Weiterleben zu einer neuen Version der Wiedergeburt entwickelt.

Eine dritte Beziehung zwischen Unsterblichkeit und Idendität veranschaulichen die Iatmul vom Fluß Sepik, ein Volk auf Neuguinea, bei denen die Wiedergeburt an den Namen geknüpft ist und sich innerhalb einer Familie vollzieht. So erzählt etwa ein prominenter Mann der Iatmul eine Geschichte von einem halb mythischen Vorfahren, der den Namen des Erzählers trug. Mitten in der Geschichte wechselt er von der dritten zur ersten Person: »Ich stand vorn am Bug des Kanus«, und beim Sprechen stampft er mit dem Fuß auf den Boden des Hauses. Das Identitätsbewußtsein der Iatmul ist auf traumartige Weise unpersönlich, Rolle und individuelle Existenz sind getrennt. Ein Zwölfjähriger, der die Geschichte seines Lebens erzählen soll, beginnt mit den Ereignissen seiner frühen Kinderzeit, dann hört man ihn plötzlich sagen: »Ich heiratete eine Frau von den Wampuns und bekam drei Kinder. Der älteste hieß . . .« Ohne es zu merken, hat er sich selbst überholt und spricht von einer Zukunft, die genauso deutlich wie die Vergangenheit vor ihm liegt, weil sie sozial ebenso klar bestimmt ist. So pflegen die Iatmul die Berichte über Ereignisse mit entsprechenden Dialogen und Vorgängen auszuschmücken – die sorgfältigen Nachforschungen zufolge nie stattgefunden haben –, und zwar ganz in der Art, in der wir, deren Sinn für das Tatsächliche in einem nicht umkehrbaren, geradlinigen Universum angesiedelt ist, von Fakten sprechen.

Das Überdauern der Identität knüpft sich nicht nur auf diese unterschiedliche Weise an Rolle, Sippenrang, Namen und Körper – vor allem an dessen dauerhafteste Teile, die Knochen –, sondern verbindet sich auch ganz unterschiedlich mit der Vorstellung von der fortdauernden Existenz der Seele, die für die Überlebenden segensreich oder gefährlich ist oder auch nur für das Individuum selbst besondere Bedeutung besitzt. Es ist kennzeichnend, daß in Gesellschaften, in denen die Idee einer religiösen Entwicklung des Individuums roh und bruchstückhaft bleibt, die Vorstellungen von der Seele auf die Lebenden und deren Trauer bezogen sind. Die Trauer des Menschen setzt sich aus vielen Gefühlen zusammen – dazu gehören Zorn über das Alleingelassenwerden, Schuldempfinden wegen nicht gesühnter und nicht verziehener Feindseligkeiten, der leidenschaftliche Wunsch, die Erinnerung an den Verstorbenen zu fassen und zu bewahren, und das Bedürfnis, diese Mahnung an die eigene Sterblichkeit abzuschütteln. Verschiedene Völker haben sich Teile des Komplexes herausgegriffen und sie ausgestaltet. Bei den Bagobo auf den Philippinen, wo man sich mehrere Seelen vorstellt, unterscheiden die Leute zwischen einer bösen und einer guten Seele. Beim Tod wird die böse Seele zum Dämon, der sich von der Leiche ernährt und sie mit den Fingernägeln zerreißt, während die gute Seele in den Himmel geht, wo »der Reis von makelloser Weiße und jedes Korn groß wie ein Maiskorn ist. Die Camotes (Früchte der Knollenwinde) haben die Größe einer Waschschüssel, und jeder Stengel Zuckerrohr ist dick wie der Stamm einer Kokospalme.« So können die Menschen der guten Seele Opfer bringen und alle freundlichen Gefühle für den Verstorbenen auf sie übertragen, während sich die negativen in Haß und Angst auf den Dämon entladen.

Manche Völker betonen nur den Haß und die Angst und veranstalten ausführliche Zeremonien, um sich von dem Toten zu trennen. Dabei täuschen sie die Seele, damit sie niemals den Rückweg findet, und schneiden der Leiche die Kehle durch in dem wilden Versuch, mit dem Toten ein für allemal fertig zu werden. Innerhalb der christlichen Tradition werden nur die positiven Gefühle unterstrichen; man weint um die Toten als um tief und ungeteilt geliebte Personen; wer noch Haß und Bitterkeit empfindet, fühlt sich schuldig wegen solcher unpassenden Gefühle, die er unterdrücken muß. Viele primitive Völker haben rituelle Übungen entwickelt, um eine angemessene Darstellung des Schmerzes zu erreichen, etwa durch das Abschneiden eines Fingers beim Tod eines Verwandten. Solche Darstellung der Trauer kann durchaus auch ein Besänftigungsversuch sein, denn man glaubt, daß sich die Toten für unausgesprochene, verborgene negative Gefühle rächen.

Ob es nun darum geht, den Toten zu verbannen oder in der Nähe zu behalten: die Form der Unsterblichkeit ist eng mit der Rolle des Lebenden verbunden. Freilich kann das Überdauern der Identität auch als eine persönliche Bestrebung angesehen werden, die sich in dem Wunsch nach einem Weiterleben nach dem Tod – sogar im selben Körper – ausdrückt, aber auch in unterschiedlichen, im Grunde ganz irdischen Formen, mit denen der einzelne Unsterblichkeit fordert oder zuerkannt erhält, und zwar durch das, was er als Lebender tut. Solche irdischen Formen von Unsterblichkeit – historische Taten, große Stiftungen, künstlerische und wissenschaftliche Leistungen – bilden offensichtlich ein negatives Gegengewicht zu buchstäblich verstandenen, lebhaften Erwartungen von Unsterblichkeit in einer anderen Welt. Visionen vom Himmel werden blaß und abstrakt, wenn ein Mann plant, durch Nachkommen weiterzuleben – »die einzige Unsterblichkeit, die wir haben« – oder auch durch Bauwerke, Entdeckungen, Malereien, Bücher, die seinen Namen tragen. Umgekehrt scheinen die Konzentration auf das eigene geistige Dasein und die Auffassung, daß es die Hauptaufgabe des Menschen auf der Erde sei, »den Himmel zu kolonisieren«, wie ein englischer Bischof es formuliert hat, oft von einer negativen Einstellung zu den Dingen dieser Welt begleitet zu werden, selbst wenn es sich dabei um Ruhm oder um schöpferische Kraft handelt. Ein birmanischer Gelehrter berichtete mir einmal von der Zerstörung seines gelehrten Lebenswerks im Zweiten Weltkrieg. »Bedauerlich für die Geschichte«, sagte er, »doch gut für mich, denn es löst mich von der Welt.« Und in England hat eine Studie von Geoffrey Gorer nachgewiesen, daß jeder siebte Mensch an irgendeine Form von Wiedergeburt glaubt, weil, wie man sagt, das irdische Leben allein keine echte Chance bedeutet.

Ob also die Identität erhalten oder abgestreift werden soll, ob dieses Leben auf der Erde als Zwischenstation, als Anfang oder als wiederholte Episode in der Existenz des Menschen im Universum verstanden wird, ob beim Tod das Gewicht auf dem persönlichen seelischen Schicksal oder auf dem der Überlebenden liegt, ob sich die Bindung an diese Welt im Glauben an eine Auferstehung des Körpers ausdrückt oder im unvergänglichen Beitrag des Menschen zur menschlichen Kultur – die Auffassungen von der Unsterblichkeit bilden einen Rahmen, in dem die irdischen Wege des Lebens beurteilt, verändert, durchwandert, verlassen werden. Ein langes Leben auf Erden ist wichtig für diejenigen, denen daran liegen muß, eine voll entwickelte Personalität in die nächste Welt mitzunehmen, wo alle weitere Entwicklung aufhört und nur ewige Belohnung oder Strafe übrigbleibt. Doch der kürzeste Aufenthalt auf der Erde – einen Tag lang als Neugeborenes – mag genügen, um einen Platz in einer anderen Welt zu sichern, in der Entwicklung möglich ist. Die sowjetischen Kommunisten, die ihren militanten Materialismus proklamiert haben, sprechen von einem Platz in der Geschichte, wenn ein Mensch die Rolle erfüllt hat, die ihm von der Geschichte zuerteilt wurde; auch das ist eine Art von Unsterblichkeit – in der Geschichte – mit einem Grab in der Kremlmauer. Moderne Medizin und Gesundheitsvorsorge gedeihen bei Völkern, für die ein langes Leben auf der Erde von wesentlichem Wert ist; sie sind viel schwieriger bei Völkern durchzusetzen, denen die Erde nur das flüchtige Vorspiel zu einer unpersonhaften Ewigkeit bedeutet.

Bei einem internationalen Kongreß der Astronauten in Rom hat Papst Pius XII. die interplanetarische Forschung begrüßt, weil sie dem Menschen Gelegenheit zu einer neuen Beziehung zu Gott und seinem Universum gebe. In dem Maß, wie wir unser Verständnis für die Möglichkeiten des Menschen durch unsere wachsende Einsicht in den Kosmos steigern, wird sich vermutlich auch die Frage nach der Unsterblichkeit des Menschen erweitern und eine neue Gestalt annehmen.

Nachwort

Die amerikanische Originalausgabe des hier in deutscher Übersetzung vorgelegten Werkes erschien 1972 als Band 25 der Buchreihe »Religious Perspectives«, die von Ruth Nanda Anshen geplant und herausgegeben wird. Sinn und Absicht dieser Bibliothek kommen der Konzeption nahe, die den Kreuz Verlag zur Herausgabe der Reihe »Maßstäbe des Menschlichen« veranlaßte. Das verweist auf einen inneren Sachzusammenhang: Offenbar ist es kein Zufall, daß heute an vielen Orten der Welt die Einsicht wächst, »daß Offenbarung und Vernunft, Glauben und Wissen, Gnade und Natur, Mut und Angst keine eigentlichen Gegensätze darstellen«. Damit deutlich werde, wie sehr die Suche nach »Maßstäben des Menschlichen« in weltweitem, interdisziplinärem Zusammenhang gesehen werden muß, zitieren wir im folgenden die wichtigsten Passagen aus dem Vorwort zur amerikanischen Ausgabe von Ruth Nanda Anshen. H.W.

Der moderne Mensch wird durch eine von ihm selbst geschaffene Welt bedroht. Er muß sich auseinandersetzen mit der Hinwendung des Geistes zum Materialismus, mit einer dogmatischen Weltlichkeit und einem Widerstand gegen den Glauben an das Transzendente. Er beginnt aber trotz allem zu erkennen, daß das Universum nicht aus erkennendem Dasein und erkanntem Seienden, sondern in der Einheit von Objekt und Subjekt besteht und daß man nicht behaupten kann, die Schranke zwischen beiden sei erst durch die jüngsten Erkenntnisse der Naturwissenschaft eingerissen worden – eine solche Schranke hat es nie gegeben. Mit der Frage nach dem Sinn konfrontiert, ist der Mensch aufgefordert, das Unveränderliche und Dauernde wiederzuentdecken und zu prüfen, denn hier liegt sowohl der dynamische, einigende Aspekt des Lebens wie das Prinzip der Differenzierung. Er beginnt einzusehen, daß jede Person nicht nur ihrem eigenen Weg hinab folgt, sondern auch imstande ist aufzusteigen, und daß ein solcher Aufstieg Rückkehr zum Ursprung der Schöpfung bedeutet, zu einer inneren Heimat, der der Mensch entfremdet ward.

Wir hegen die Hoffnung, daß die Wiederentdeckung des Menschen den Weg zur Wiederentdeckung Gottes zeigen wird. Dazu gehört die Wiederentdeckung grundlegender Prinzipien; diese Prinzipien, die auch durch neue Entdeckungen nicht entwertet werden können, sind nicht den historischen Welten zu entnehmen, die ins Dasein treten und wieder verschwinden, sondern sie müssen in Herz und Geist des Menschen gesucht werden, und keine nur historische oder rein naturwissenschaftliche Interpretation des Universums kann die Suche anleiten. Es geht nicht nur darum, leidenschaftslos nach der Natur Gottes zu fragen, sondern auch darum, dem menschlichen Leben mindestens die Hypothese von Gott und der auf ihn bezogenen Symbole zurückzugeben. Es muß sich deutlich zeigen, daß der Mensch mit der metaphysischen Frage nach der Wahrheit der Religion zu tun hat, wenn er die empirische Frage nach ihrer Wirkung auf das Leben der Menschheit und nach ihrer Bedeutung für die Gesellschaft stellt. Religion wird hier von der Theologie und ihren doktrinären Formen unterschieden und soll vielmehr die Gefühle, Bestrebungen und Handlungen des Menschen in ihrer Bezogenheit auf das Ganze der Wirklichkeit darstellen. Denn wir alle suchen nach der Wirklichkeit, die es gibt, ob wir sie kennen oder nicht; die Suche gestalten wir selbst, die Wirklichkeit jedoch nicht.

Diese Suche wird von der spirituellen und intellektuellen Energie des Weltdenkens getragen und von solchen religiösen und ethischen Führern, die nicht bloße Beobachter bleiben, sondern als Gelehrte an den allen Religionen gemeinsamen kritischen Problemen beteiligt sind. Solche Denker erkennen an, daß menschliche Moral und humane Ideale nur dann gedeihen, wenn sie im Zusammenhang mit einer transzendenten Einstellung zur Religion stehen, und daß sich die eigentliche Natur der Religion vielleicht definieren läßt als Vorstoß zur Grundlage der Identität und der allgemeinen Natur des Seins innerhalb der religiösen Erfahrung. So bemühen sie sich, die Bedeutung des Ewigen neu zu werten, einer Erfahrung, die verlorengegangen war und doch den Gehalt jener *visio Dei* darstellt, welche die Struktur aller Religionen bestimmt.

Dem Menschen eignet eine Sehnsucht nach dem »ganz Anderen«, nach einer dritten Dimension, die es auf der Erde nicht gibt, die aber doch auf der Erde erlebt werden muß: Weissagung – ins einzelne gehende Aussagen über etwas, das sich in der Zukunft ereignen wird; Zukunftsentwürfe – die das Ineinanderspielen vieler Trends berücksichtigen; Voraussage – dessen, was wissenschaftlich wahrscheinlich ist und sich vermutlich ereignen wird; Vorausblick – die Beziehung zwischen gegenwärtiger Aktivität und dem Bild der Zukunft; Plan – die Summe umfassender Entscheidungen für koordinierte Aktivitäten im Hinblick auf ein Ziel. Bei alledem ist *Sein* wichtiger als Haben, denn *Sein* führt zu Freude und Transzendenz, Haben aber zur Gleichgültigkeit und Verzweiflung.

Der Mensch kann heute die Kräfte in sich und außer sich beherrschen, die seine Entscheidungen früher gehemmt haben. Entscheidend ist dabei, daß sich diese Richtung nicht umkehren läßt: Wir haben von diesem neuen Baum der Erkenntnis gegessen, und was vor fünfzig Jahren noch Schicksal zu sein schien, ist heute Gegenstand besonnener Entscheidungen. Welchen angemessenen Gebrauch für Körper und Geist können wir von unserem Wissen machen? Wie heißen die Kriterien für unsere Wahl? Nur Antworten, die der neuen Wirklichkeit entsprechen, können den Fortbestand des menschlichen Lebens und die Erhaltung der menschlichen Person sichern, die ja nicht nur der Gegenwart angehört, sondern auch mit der Vergangenheit und deshalb auch mit der Zukunft in einer sinnvollen Existenz verbunden ist. Wir haben die Wahl – die Wahl zwischen der Perfektion der Leistung und, was wichtiger ist, der Bereitschaft zu geistiger und moralischer Lebensführung.

Die Einheit, von der hier die Rede ist, besteht in einer Gewißheit, die aus der Natur des gottsuchenden Menschen und der Natur Gottes, der den Menschen sucht, hervorgeht . . . Es ist das grundlegende und drängende Bemühen jedes Glaubens, die Krise unserer apokalyptischen Epoche bloßzulegen und zu überwinden, die Krise, die in der Trennung des Menschen vom Menschen und in der Trennung des Menschen von Gott liegt, im Versagen der Liebe.

Zwar ist die schöpferische Energie des Menschen befreit worden – zum Teil durch die Wissenschaft –, aber diese Wissenschaft bedroht die wesentliche Ordnung der Natur. So gewitzt auch die Kalkulationen des Menschen mit seinen Mitteln geworden sind, ist doch die Wahl seiner Ziele, die früher mit dem Glauben an Gott zusammenhing und absolute Kriterien des Verhaltens kannte, sinnlos geworden. Gott ist kein Sonderproblem der von ihrem eigenen Zusammenbruch bedrohten Metaphysik – er ist vielmehr deren eigentlicher Grund, die Quelle aller Möglichkeiten. Die personale Verwirklichung von Freiheit und Vorsehung, von Willen und Gewissen kann veranschaulichen, daß »der Wissende« über eine Tiefe des Bewußtseins gebietet, wie sie dem profanen Menschen nicht zugänglich ist; er ist einer Transfiguration fähig, die es verhindert, daß alles Gute in Gemeinheit verdreht wird. Dieser religiöse Inhalt der Erfahrung ist nicht in der Provinz der Naturwissenschaft unterzubringen; er stellt den Fehler richtig, der darin liegt, wissenschaftliche Resultate zu behandeln, als seien sie selbst metaphysisch oder religiös; er kritisiert die Tendenz, aus der Naturwissenschaft eine Religion oder aus der Religion eine Wissenschaft zu machen, einen dogmatischen Vorgang, der die moralische Dynamik des Menschen zerstört. Tatsächlich sehen sich viele Wissenschaftler mit unerwarteten Implikationen ihrer eigenen Gedanken konfrontiert und beginnen – zum Beispiel – Dimensionen jenseits von Raum und Zeit in der Natur der Realität anzuerkennen.

Es gibt kein überzeugendes Bild vom Menschen – trotz vieler Wege, auf denen das Denken es versucht hat – ohne eine Philosophie der menschlichen Natur und der menschlichen Freiheit, die Gott nicht ausschließt. *Homo cum Deo* ist eine neue Formel für die Beteiligung des Menschen am schöpferischen Prozeß und die einzige, die den Menschen vor den Schrecken des Daseins schützen kann. Dieses Bild des Menschen geht auch davon aus, daß Geist und Gewissen zu echten Entscheidungen fähig sind und deshalb auch die ernstzunehmenden Spannungen zwischen dem Weltlichen und dem Religiösen, dem Profanen und dem Heiligen aufheben können. Die Idee des Heiligen liegt in dem, was es *ist:* zeitloses Sein. Wenn wir uns diesem zeitlosen Sein zuwenden, statt Vernunft als einzige Realität zu nehmen, sind wir frei für unsere Kommunion mit dem Ewigen, frei von dem sonst nicht zu brechenden Gesetz von Ursache und Wirkung. Dann können wir zugeben, daß alle Formen, alle Symbole der Religionen jene Erkenntnis zu vermitteln suchen, die mehr ist als bloße Kenntnis und die die Dynamik des Universums hin zu nie endender Einheit erfahrbar machen kann.

Gott wird hier nicht als heteronomes, Gebote erlassendes Wesen verstanden, sondern als das *Tatt-Twam-Asi:* »Handle gegen andere so, wie du von anderen behandelt werden möchtest. Denn ich bin der Herr.« Das ist nicht ein Gebot aus der Höhe, sondern ruft auf zur Selbstverwirklichung durch »den anderen«, und seither ist das isolierte Individuum undenkbar und bedeutungslos. Der Mensch wird Mensch durch die Erkenntnis seines wahren Wesens als eines zu Willen und Entscheidung fähigen Geschöpfes, denn in dieser Erkenntnis werden das Göttliche und das Heilige manifest. Der Mensch löst individuell und kollektiv die Fesseln, die ihn an die unerbittlichen Forderungen der Natur banden. Die Beschränkungen nehmen ab, ihm steht eine Unendlichkeit an Alternativen gegenüber. So muß er schließlich aus den Quellen seines ontologischen Seins heraus selbst entscheiden, was *bonum et malum* ist. Und wenn ihn auch die anonymen Kräfte, die ihm in der Vergangenheit Schranken setzten, jetzt mit totaler Anarchie bedrohen oder auch mit einer schlimmeren Tyrannis, als er sie in der Geschichte erlebt hat, beginnt er trotzdem einzusehen, daß vor dem Thema Moral das Problem der Erkenntnis steht: nämlich die Einsicht in Lebensbedingungen, die der Menschheit gestatten, sich selbst zu erfüllen und die Wahrheit anzuerkennen, daß jenseits der wissenschaftlichen, diskursiven Kenntnisse das nicht-diskursive, intuitive Bewußtwerden liegt. Das halte ich nicht für eine Säkularisierung Gottes, sondern ich meine, daß man ihn dadurch mitten in die Natur der Materie und auch des Lebens hineinnimmt.

Wir erleben gegenwärtig eine ernsthafte Krise der Wissenschaft, die als das Ende des sozialen Determinismus oder auch als Ende des sozialen Fatalismus bezeichnet werden könnte. Mit anderen Worten: Für die beiden letzten Generationen bringt unsere Ära einen grundlegenden Bruch mit der ganzen Geschichte der Vergangenheit. Die Gewalten, die in der Geschichte individuelle Entscheidungen behinderten und, was noch wichtiger ist, den kollektiven sozialen Prozessen den Anschein unausweichlicher Ereignisse unter der Herrschaft pseudonatürlicher Gesetze gaben, können wir in rasch steigendem Maß beherrschen.

So wurde zum Beispiel die Bevölkerungsbewegung bis zur Mitte des neunzehnten Jahrhunderts ausschließlich durch biologische Gesetzmäßigkeit beherrscht, und das Gleichgewicht erhielten – nach Malthus – die drei apokalyptischen Reiter Krieg, Hunger und Pest. Nun hat sich eine Änderung vollzogen nicht nur durch die individuelle Beeinflussung von Geburten- und Sterbeziffern, sondern auch durch die kollektive Durchführung der Gesundheitsfürsorge und durch die Entdeckungen in der Epidemiologie. Es gäbe weitere Beispiele von ähnlicher Bedeutung.

Doch ich möchte hier an einen Trend erinnern, der sich bis in die Renaissance zurückverfolgen läßt. Wir haben in den letzten zwei Generationen einen sprunghaften Anstieg der Quantitäten erlebt, oder um es mit Hegelschen Begriffen zu sagen: Die quantitativen Veränderungen haben die Qualität unserer Lebenswelt verändert. Dabei ist das Entscheidende, daß dieser Trend *nicht umkehrbar* ist – wir haben von diesem neuen Baum der Erkenntnis gegessen, und was vor fünfzig Jahren als *Schicksal* auftrat, ist nun unserer bewußten Wahl unterworfen.

Wenn also eine Wahl getroffen werden muß, lautet die erste Frage: Auf welchen Wissensgrundlagen? Und die zweite wird offensichtlich heißen: Welche Kriterien haben wir für unsere Wahl? Unsere Schwierigkeiten liegen in den Kriterien für unsere Entscheidung.

Denn der Mensch steht jetzt dem Elend und der Größe seiner Existenz gegenüber: »Wächter, wieviel von der Nacht noch, Wächter, wieviel von der Nacht?« Vielleicht wird die Angst der menschlichen Seele durch die Antwort gemildert, durch die Einbeziehung der Person in Gott: »Spricht der Wächter: Morgen zieht herauf, aber auch Nacht noch, – wollt ihrs ermühen, mögt ihr euch mühen, einst sollt ihr kehren, einst heimwärts ziehen« (Jesaja 21, 11–12 nach M. Buber).

Ruth Nanda Anshen

Nachweise

In das vorliegende Buch hat die Autorin – zum Teil gekürzt und in abgeänderter Form – Arbeiten aufgenommen, die zwischen 1951 und 1971 in Zeitschriften und Sammelbänden erschienen sind oder als Vorlesungen gehalten wurden. Im folgenden werden Ersterscheinungsort und -jahr zusammen mit dem Originaltitel angegeben:

Seite 7 »Cherishing the Life of the World.« In *Pastorlal Psychology,* No. 104 (May, 1960), 10–11.

Address delivered at the First Annual Meeting of the Academy of Religion and Mental Health, January 15, 1960.

Seite 10 Diesel Kapitel enthält Überlegungen zu einer Reihe von Aufsätzen, die unter dem Titel *Christians in a Technological Era von* Hugh C. White herausgegeben worden sind: Margaret Mead: *Introduction,* Michael Polanyi: *The Scientific Revolution,* Jean Ladrière: *Faith and the Technician Mentality,* Bernhard Morel: *Science and Technology in God's Design,* Francois Russo: *Modern Science and the Christian Faith,* Jean de la Croix-Kaelin: *Faith and Technology,* Scott I. Paradise: *Christian Mission and the Technician Mentality in America.*

Seite 19 »Christian Faith and Technical Assistance.« In *Christianity and Crisis,* 14, No. 23 (January 10, 1955), 179–182.

Seite 28 »Cultural Man.« In *Man in Community,* ed. Egbert De Vries. London: SCM Press; New York: Association Press, 1966, 197–217. Deutsch in: Die Kirche als Faktor einer kommenden Weltgemeinschaft, Stuttgart–Berlin 1966, 443–461.

Seite 51 »20th Century Faith Must Use Technology.« In *Methodist Woman,* 27, No. 4 (December, 1966), 9—11.

Seite 58 »Neighbourhoods and Human Needs.« In *Ekistics,* 21, No. 123 (February, 1966), 124–126. Center of Ekistics, Athens, Greece.

Seite 65 »Spiritual Issues in the Problem of Birth Control.« In *Pastoral Psychology,* 4, No. 34 (May, 1953), 39–44.

Seite 71 »The Liberal Church in an Urban Community.« In *Journal of the Liberal Ministry,* 4 No. 2 (Spring, 1964), 65–73.

The William Ellery Channing Memorial Lecture, delivered at the Arlington Street Church, Boston, March 11, 1962.

Seite 83 »A Religious System with Science at Its Very Core . . .« In *Look,* 34, No. 8 (April, 1970), 37.

Seite 87 »The Future as the Basis for Establishing a Shared Culture.« In *Daedalus* (Winter, 1965), 135–155.

Seite 109 »Promise«, »The Kalinga Prize« Lecture. In *Journal of World History,* Vol. XIII, No. 4 (1971), pp. 765–771, UNESCO.

Seite 118 »Celebration: A Human Need.« In *Catechist,* 1, No. 6 (March, 1968), 7–9.

Seite 125 »Cultural Contexts of Aging.« In What's Ahead for the Older Amèrican«, *News: Union Settlement* (December, 1970).

Seite 141 »The Right To Die.« In *Nursing Outlook,* 16, No. 10 (October, 1968), 20–21.

Seite 144 »Ritual Expression of the Cosmic Sense.« In *Worship,* 40, No. 2 (February, 1966), 66–72. O.S.B. Monks of St. John's Abbey, Collegeville, Minn.

Seite 151 »The Immortality of Man.« In *Pastoral Psychology,* 8, No. 75 (June, 1957), 17–22.

Delivered in Lancaster, Pa., December 3, 1956, as the 17th Garvin Free Lecture.

Dem Gespräch zwischen Humanwissenschaften und Theologie dient die neue Buchreihe

»Maßstäbe des Menschlichen«

Der Rang der beteiligten Autoren, die Allgemeinverständlichkeit ihrer Schreibweise und die Aktualität der Fragestellung lassen eine Handbücherei zur Gestaltung einer menschlicheren Welt entstehen.

Bei einer Abnahmeverpflichtung für die ganze Reihe – mindestens aber für die ersten vier erscheinenden Bände – kann der ermäßigte Fortsetzungspreis in Anspruch genommen werden. Eine Kündigung des Fortsetzungsbezuges ist nur jeweils zum Jahresende möglich.

Außer dem vorliegenden Band sind bis jetzt in dieser Reihe erschienen:

Tobias Brocher
Sind wir ver-rückt?
Lebensprobleme des modernen Menschen
Maßstäbe des Menschlichen Bd. 1
292 Seiten, geb. 24.50,
Fortsetzungspreis DM 22.–

Helmut Barz
Selbst-Erfahrung
Tiefenpsychologie und christlicher Glaube
Maßstäbe des Menschlichen Bd. 2
166 Seiten, geb. DM 14.80,
Fortsetzungspreis DM 13.30

Walter Hartmann
Menschen in sprachloser Zeit
Zur Orientierung zwischen den Generationen
Maßstäbe des Menschlichen Bd. 3
286 Seiten, geb. DM 26.50,
Fortsetzungspreis DM 24.–

»Cox ist einer der ganz wenigen Theologen, dem es gelungen ist, aus den alten theologischen Schablonen auszubrechen und so zu reden, daß es aufregend und auf eine neue Art ärgerlich ist, Theologie zu lesen.« *Zweites Deutsches Fernsehen*

Harvey Cox
Stadt ohne Gott?
Aus dem Amerikanischen übertragen von Werner Simpfendörfer
6. Auflage (21.–26. Tausend), 310 Seiten, Personen- und Sachregister, Literaturhinweise, Leinen DM 22.–

Harvey Cox
Stirb nicht im Warteraum der Zukunft
Aufforderung zur Weltverantwortung
Aus dem Amerikanischen übersetzt von Werner Simpfendörfer
3. Auflage (13.–15. Tausend), 190 Seiten, mit einem Namen- und Sachregister, kt. DM 12.80

»Cox erweist sich als Meister der Skizze, der Situationsanalyse, als Gegner zeitloser theologischer Wahrheiten und Systeme, als genialer Interpret säkularer Phänomene und Prozesse, als Theologe, der selber die Aufgabe in Angriff nimmt, die er der Theologie stellt: im Dienst der prophetischen Gemeinschaft zu stehen, die mit den revolutionären Strömungen der Zeit ringt.«
Fuldaer Zeitung

Harvey Cox
Das Fest der Narren
Das Gelächter ist der Hoffnung letzte Waffe
Aus dem Amerikanischen übersetzt von Werner Simpfendörfer
4. Auflage (18.–22. Tausend), 231 Seiten, kt. DM 14.80

Harvey Cox
Die Verführung des Geistes (Arbeitstitel)
erscheint in der Übersetzung von Werner Simpfendörfer im Jahr 1974 im Kreuz Verlag.

Kreuz Verlag Stuttgart · Berlin